Le passager
de la maison du temps

Jean-Pierre Andrevon

Le passager de la maison du temps

BAYARD JEUNESSE

Illustration de couverture : Sylvain Bourrières

3, rue Bayard, 75008 Paris
ISBN : 2 7470 1459 2
Dépôt légal : juin 2005

Loi 49-956 du 16 juillet 1949 sur les publications destinées à la jeunesse

Première partie
LE FUGITIF

1

Le manche cassa net sur le sommet du crâne chauve. L'homme lâcha un soupir qui venait du fond de sa poitrine. Mais il ne tomba pas. Dans la pauvre lueur de la lune pleine noyée par les brumes, sa face congestionnée se dessina, partagée par une rigole de sang noir dégoulinant de sa calvitie.

Luc vit la bouche s'ouvrir toute grande dans la figure replète du bourgeois. Saisi, il abandonna l'inutile tronçon de pelle pour empoigner le coutelas passé dans son ceinturon. Mais il n'eut pas le temps de dégager entièrement la lame que sa victime indocile se mettait à hurler :

– Au secours ! À moi ! À l'assassin ! On me tue !

Luc hésita. Ses doigts mollirent sur le manche de corne. À l'arrière de l'auberge un volet s'ouvrit, se rabattit avec un claquement rageur sur le mur.

Dans la lumière pâteuse des lampes à huile, une première silhouette apparut à l'huis. Désormais, il était trop tard pour que le vilain dessein de l'étudiant s'accomplît. Des voix de plus en plus nombreuses enflaient du côté de l'auberge, se mêlant à celle du bourgeois imparfaitement assommé. Puis des chiens se mirent de la partie.

Sans un regard de plus pour le gros homme qui ne cessait de hurler, Luc s'élança, poings serrés, coudes au corps. Un regard en arrière jeté au bout d'une vingtaine de foulées lui permit de voir les flammes de nombreuses torches s'entrecroiser devant la façade de l'auberge, dont le toit pentu se détachait à peine sur le ciel nocturne lourd de brumes.

– Il est parti par là !

Luc accéléra, s'enfonçant dans une impasse boueuse prise en tenaille entre des murs aveugles. Les imprécations s'étouffèrent dans la distance. Les chiens aboyaient toujours, mais il ne sembla pas au fugitif qu'une poursuite sérieuse se fût organisée. Ce qui ne l'empêcha pas, sur deux ou trois centaines de mètres au moins, de se garder de ralentir l'allure. Ses poumons brûlaient, le reste de son corps était gelé. Son pied gauche donna contre une pierre, dont la pointe pénétra sa poulaine trouée, lui entaillant le gros orteil. La douleur lui arracha un cri bref, qui donna le signal de l'arrêt. Il s'adossa à un haut mur au faîte perdu dans l'obscurité – peut-être l'enceinte du couvent des Cordeliers. Courbé en avant, ses bras en cerclant son maigre torse frissonnant, il attendit que la douleur s'apaise et daigne cesser de tisonner la forge sous ses côtes.

Lorsque Luc put se redresser, ses épaules étaient agitées de soubresauts. Il porta la main à sa bouche, se mordit la paume. Il ne pleurait pas, non, il riait, riait sans pouvoir se maîtriser en revoyant la stupéfaction hagarde peinte sur le visage crayeux du bourgeois qu'il avait frappé alors que ce dernier était sorti bouchonner son cheval. Malgré le sang perlant du cuir chevelu entaillé, l'homme avait eu plus de peur que de mal, ses cris en étaient témoin. Tant mieux, tout compte fait. Car Luc n'était plus du tout certain que, s'il n'avait pas été obligé de prendre la fuite, il eût été capable d'ouvrir la gorge à sa victime. Étourdir un noctambule pour lui soutirer sa bourse, il l'avait fait, et pas qu'une fois, au cours de l'année écoulée. Tuer, cela ne lui était jamais arrivé...

Luc de Melun se décolla du mur, massa ses reins raidis, son estomac douloureusement vide, ses côtes saillantes que son mauvais pourpoint ne protégeait pas du froid. Il avait abandonné sa houppelande sur le banc de l'auberge quand il s'était éclipsé à la suite du dîneur, croyant le moment propice pour faire un sort à une bourse qui lui tendait les mains. Il avait encore dans les narines l'odeur du rôti de sanglier que le chauve s'était complu à mastiquer sous ses yeux. Pour sa part, Luc n'avait eu droit qu'à une écuelle de soupe claire et à un godet de vin aigre, qu'il avait dû payer d'avance avec ses derniers sols. Il aurait dû se tenir tranquille, se faire oublier dans un recoin de la grande salle : au moins, il aurait pu avoir la chance de passer la nuit au chaud. Seulement, il avait cru pouvoir jouer au plus malin. Et pour quel résultat !

Luc toussa, cracha les glaires qui lui obstruaient la gorge, se moucha entre ses doigts. Quelque part dans la nuit, une cloche se mit en branle. L'âme de bronze égrena ses douze coups, aussi lugubre qu'un glas interminable que le diable aurait déclenché à sa seule intention. Luc frissonna de nouveau, sans que cette fois le froid en fût la cause. Laissant le mur du couvent dans son dos, il s'enfonça dans l'atmosphère de poix, où le glas le suivit un moment, paraissant résonner au centre de son crâne. Il imagina, de retour dans sa cellule, au chaud et le ventre plein, le moine franciscain qui avait actionné le bourdon d'une main si vigoureuse. Il se permit de le maudire, avant de se signer, pris d'un remords au goût de frayeur. Son seul espoir était de trouver une grange et d'y attendre l'aube sur un lit de paille, ou même, si possible, contre le flanc accueillant d'une vache ou d'un porc.

Mais où la trouver, cette grange ? La nuit sans limite l'entourait, la boue glacée des terrains en friche lui gelait la plante des pieds ; il était perdu, complètement perdu. L'auberge de son mauvais coup raté était située au-delà de Saint-Germain, au-delà des remparts élevés par Philippe Auguste. Devant lui ne s'étendait que la campagne engourdie de la rive gauche, parsemée de rares domaines fortifiés et de couvents bouclés, à la porte desquels il serait vain de frapper.

Luc étouffa de la paume une quinte montant de sa gorge remplie d'épines. Il avait cru entendre un tapotement furtif non loin de lui, le genre de bruit que peuvent produire des pattes rapides sur un sol durci. Par exemple celles d'un loup. Ou de plusieurs loups. On disait que les rigueurs de l'hiver poussaient des hardes entières sous les murs de la capitale, et même à l'intérieur. On disait que maints cadavres aux trois quarts dévorés étaient ramassés au petit matin, dans les parages de l'Université. On disait, on disait...

Luc n'avait jamais vu de loups. Jusqu'à présent. Mais qu'était-ce que cette double lueur soufrée incrustée dans l'ombre, là, à dix pas de lui – ou beaucoup plus proche encore ? Il s'arrêta, recula, sans pouvoir retenir un gémissement filtrant d'entre ses doigts. Ses chevilles s'empêtrèrent dans un nœud de ronces, il tomba avec un cri perçant, s'affala sur le derrière. Au ras de son nez, les yeux jaunes clignotèrent, disparurent dans un jappement peureux accompagné d'un trottinement rapide.

Un chien. Ce n'était qu'un chien, pas un loup ! Mais la prochaine fois... Luc jura. La boue glaciale lui imprégnait le séant à travers la pelure élimée de ses hauts-de-chausses. Il se releva, plus transi que jamais. L'atmosphère charriait d'âcres relents de fumée se mêlant aux brumes rampantes.

Il toussa encore. Et, maugréant, grelottant, il repartit en avant dans cette inclémente nuit d'hiver de l'an de grâce 1439.

Luc était arrivé à Paris trois années plus tôt, à l'aube de ses seize ans, pour y entreprendre des études de médecine. Il avait été conjointement recommandé aux autorités religieuses, sous forme de billets signés, par le père Hugues, son confesseur, et par maître Delambres, son précepteur, qui tous deux avaient su apprécier son esprit éveillé. Son père, veuf, faisait commerce de bestiaux en la commune de Melun. Il ne s'était pas opposé à ce départ qui, pour Luc, tenait plus au goût de l'aventure et au désir d'échapper au maquignonnage qu'à une réelle vocation pour l'art médicinal...

Le jeune homme avait gagné la capitale en une période fort troublée. Quelques mois à peine après son intronisation à l'Alma Mater de Saint-Germain, la ville se soulevait contre l'occupant anglais – si tant est que trois ou quatre centaines de soudards, dont la moitié au demeurant étaient bourguignons, pussent être considérés comme des occupants. Cela ne perturba guère Luc Moreau.

Désormais accepté sous le sobriquet de Luc de Melun, il partagea le sort commun des escholiers, plus préoccupés de ripailles, de beuveries, de filles et de duels que de politique. Il participa néanmoins aux fêtes de novembre 1437, données en l'honneur du court séjour en la capitale du roi Charles VII, avant que le souverain ne reparte en ses domaines plus paisibles de la Loire, abandonnant Paris à ses ruines et à sa pauvreté.

Luc traversa ces bouleversements patriotiques en poursuivant cahin-caha ses études, plongé dans le latin, les fluides vitaux, les potions. Puis son père mourut, en février 1438. Assassiné, apprit-il. Par les Anglais ? Les écorcheurs ? Par un voisin ? Ou encore par la chevalerie royale, qui ne valait pas mieux que quiconque ? Un couteau est un couteau, la mort est la mort. Pour Luc, ce trépas inopiné signifiait en premier lieu la fin de ses subsides. Afin de payer gîte et couvert à l'auberge où il avait pris ses aises, il dut faire comme maints de ses confrères : mendier. Il savait aussi joliment rimailler, et finit par passer toutes ses soirées, puis ses nuits entières, dans un des nombreux cabarets de l'île de la Cité. La médecine recula d'autant, avec pour résultat la perte de la maigre bourse octroyée par la fondation laïque qui l'avait pris sous son aile. Il fut expulsé de l'auberge.

À partir de cette mésaventure, tout alla de mal en pis. Le Godon* honni une fois parti, on ne s'étripait pas moins au cœur de Paris. Luc s'encanailla, vendit sa guitare, ne dut bientôt plus sa survie qu'à de pitoyables mauvais coups. Le guet et les taverniers du quartier de la Sorbonne finirent par l'avoir à l'œil, il se vit de semaine en semaine exilé de plus en plus loin vers la frange sud de la ville, ses champs et ses marécages, ses villages fortifiés d'où fusaient pierres et flèches. Sans oublier ses loups en maraude...

Tel était l'itinéraire ayant conduit Luc Moreau dans la nuit glaciale de février 1439, à la suite d'un coup de manche de pelle maladroitement assené sur un crâne tentant mais trop dur. Au lieu de quelques bonnes livres anglaises, à la rigueur une douzaine de mauvaises pièces parisiennes frappées à l'effigie du roi Charles, il n'avait récolté que froid au ventre et loups aux fesses. Avec une seule perspective : trouver un

* Nom donné aux Anglais pendant la guerre de Cent ans.

endroit abrité pour la nuit, sous peine de mourir frigorifié.

Luc marcha et marcha. Parfois, le ciel agité découvrait la poêle de cuivre d'une lune pansue qui lui indiquait les champs de givre à traverser, les haies ou les fondrières à éviter. Le plus souvent, il devait avancer en aveugle dans une pénombre blanche à force d'être noire. Plusieurs fois, des aboiements s'élevèrent à son approche. Alors il déviait sa route, de peur de tomber sur une meute de chiens sauvages, tout aussi redoutables que les loups.

L'aube finit par crever, débordant par l'est en vagues d'eau savonneuse, avant de s'étaler sur la plaine à la manière d'un blanc d'œuf qui durcit. La brume ne se leva pas pour autant. Luc n'était plus qu'un bloc de froid, aux poils et aux cheveux raidis de givre, les yeux et les narines pleurant de la glace ; il ne sentait ni ses pieds ni ses mains, que son souffle gourd était impuissant à réchauffer.

Combien de lieues avait-il parcourues ? Cinq, dix, plus encore ? Une sombre forêt moutonnait à droite ; la plaine sur sa gauche s'étouffait dans les brumes. Luc hésita, prêt à faire demi-tour vers la capitale. Un galop soudain trancha net son hésitation. Il eut tout juste le temps de se mettre à couvert derrière un buisson. Surgi de nulle part, un petit groupe de cavaliers traversait la combe à moins de cent coudées de la lisière du bois. Fantomatique, la cavalcade semblait voler au-dessus du sol blanc tandis que le bruit des fers résonnait comme au creux d'une ruelle. Chasseurs, brigands, cavalerie seigneuriale ? Luc ne bougea pas. Un coup de lance au ventre est un coup de lance au ventre. Et ce ne fut que lorsque les ombres eurent été recouvertes par le manteau de brume qu'il se décida à reprendre sa route.

Prudent, il s'enfonça dans le bois déplumé. Pourquoi pas ? La forêt était peu dense et guère étendue, il déboucha plus rapidement qu'il aurait cru dans un vallon encaissé qu'une neige vierge de toute trace cimentait. La maison solitaire se dressait contre le versant bleuté d'un épaulement trapu couvert de conifères noirs. Luc suivit un moment la lisière du bois sans quitter le bâtiment des yeux. Puis il se décida, et obliqua pour s'avancer en droite ligne vers la façade.

La neige craquait sous ses pieds insensibilisés, des grappes de corbeaux s'envolaient en croassant presque sous ses pas. La maison solitaire n'était pas un véritable château, plutôt une grosse ferme fortifiée, haute de deux étages et flanquée de deux tours d'angle. Son toit était d'ardoise et seules quelques meurtrières trouaient la sombre façade brunâtre. Malgré lui, Luc ralentit le pas.

La bâtisse silencieuse était décidément bien étrange, sournoisement hostile dans sa massive nudité. L'escholier au cerveau embué ne perçut que peu à peu ce qui n'allait pas. La ferme s'élevait d'un seul tenant sur la langue de terre givrée. Elle ne comportait aucun bâtiment annexe, ni grange ni étable ; aucun chariot ou outil n'était visible contre les murs, aucune trace de cultures n'était décelable dans les champs immaculés. Pour tout dire, la maison semblait vidée de toute présence humaine. Se pouvait-il qu'elle fût depuis longtemps abandonnée par ses habitants ? Elle paraissait en parfait état pourtant, sans fissure griffant les parois, sans le plus petit accroc à son damier d'ardoises.

Luc, qui s'était immobilisé pour mieux observer, dut faire un effort pour reprendre sa marche. Ses jambes se bloquèrent alors qu'il avait parcouru plus de la moitié de la distance séparant la lisière de la façade. Il avait cru... Il se frotta les yeux du dos de la main. Qu'avait-il cru voir, au juste ? Que le bâtiment, le temps d'un battement de cœur, était devenu flou, que ses arêtes s'étaient nimbées d'une diffuse lueur bleutée semblable au feu de Saint-Elme ?

Luc soupira, la brève chaleur de son souffle se condensa en vapeur blanche devant sa bouche. Allons ! Il n'y avait rien eu, rien du tout, seulement un vertige causé par l'épuisement et la faim.

Il reprit sa marche. Un corbeau piqua vers le toit conique de la tourelle gauche, poussa un piaillement strident, prit un brusque virage sur l'aile au moment où il allait toucher le pan d'ardoise, remonta en flèche dans le ciel blanc. Quelque chose avait dû lui faire peur. Mais quoi ?

Luc décida d'ignorer toutes ces bizarreries, et ses pas restèrent fermes jusqu'au moment où il ne fut plus qu'à trois ou quatre mètres de la porte. Toujours personne, toujours aucun bruit, aucun mouvement. Il leva la tête vers les meurtrières qui, disséminées dans la pierre, le regardaient obscurément. Y avait-il des yeux humains derrière ces embrasures ? Il n'en croyait rien. Et puis que risquait-il ? Une pierre, un coup de bâton ? Il en avait reçu d'autres... Il était transi, moulu, affamé ;

il y avait au moins une chance qu'en ce coin désolé de France la charité chrétienne existât encore.

Il gonfla ses poumons, appela :

– Quelqu'un ? Il y a quelqu'un ? Je ne demande que la charité... Ouvrez, pour l'amour de Dieu !

Son appel, bien éraillé, mourut sans écho. Dieu ou homme, personne ne répondit. Luc avança encore, à toucher le haut panneau de bois lustré. De si près, la porte ressemblait plus à celle d'une riche demeure bourgeoise qu'à celle d'une ferme isolée. Cependant, sa clé de voûte ne comportait ni nom ni blason, et la paroi était dépourvue de l'habituelle niche où aurait dû monter la garde une statuette de saint ou de la Vierge Marie. Par contre, les ferrures comme le heurtoir renvoyaient la bonne luisance chaude du cuivre récemment astiqué.

Luc empoigna l'anneau du heurtoir, décoré d'un visage lisse et souriant, celui d'un jeune homme ou d'un séraphin. Le coup résonna longuement mais, pas plus qu'à sa voix, âme qui vive n'y répondit. Cependant... cependant il y avait eu un déclic au niveau de la serrure, Luc en était sûr. Sa main pesa sur le panneau, qui pivota sous sa poussée avec une souplesse étonnante.

Le fugitif en éprouva une telle surprise que son bras se rétracta et qu'il recula d'un pas. La porte avait continué à s'ouvrir avec le soupir feutré de gonds bien graissés. Et voilà qu'elle bâillait devant un volume obscur. Luc ouvrit la bouche sur une phrase qui ne vint pas. Le froid qui lui pinçait les fesses vainquit ses ultimes hésitations. Ses jambes se remirent en mouvement, et il franchit le seuil.

2

Luc était entré dans la maison solitaire.

Au premier abord, l'obscurité lui sembla si compacte qu'il dut interrompre sa marche au bout de quelques pas. Puis ses yeux s'habituèrent à la pénombre. Encore qu'une autre idée l'eût effleuré : n'était-ce pas plutôt l'endroit où il avait pénétré qui, de manière insidieuse, s'était peu à peu empli d'une lueur plombée, venant de partout et de nulle part ?

« Allons, qu'est-ce que tu vas croire ? C'est stupide ! » Il remua les épaules, se gratta la joue. En tout cas, puisque l'obscurité s'était en partie dissipée, autant chercher à se repérer.

Le fugitif se trouvait dans un vestibule large et profond, au sol dallé, sur les murs duquel se détachaient les rectangles nus d'une demi-douzaine de portes closes. À l'extrémité du vestibule, un escalier à double volée montait vers l'étage supérieur. La main de Luc rencontra la surface de la paroi la plus proche, dont la pierre lui parut étonnamment lisse.

Il renifla. Ses narines ne captèrent pas la moindre odeur. Plus que le silence et la pâle lumière sans source visible, cette absence de sensations olfactives lui sembla bizarre. Il se souvenait de la maison familiale de Melun, toujours gonflée des grasses senteurs de cuisine et, l'hiver, du suint acide des bêtes rentrées pour la nuit afin qu'on pût profiter de leur chaleur. Sans oublier ces suffocants relents de sueur, de crasse et de vinasse des auberges où il avait passé le plus clair des deux années écoulées...!

Mais ici... ici ça ne sentait même pas le propre, le carrelage lavé à l'eau savonneuse des couvents. Ça ne sentait rien. Et que dire de la température ? Après le froid intense de l'extérieur, il avait immédiatement été frappé par la tiédeur confortable du hall, à croire qu'un foyer aurait pu y être allumé. « Ah oui ? Mais où ça ? Quelque part dans une pièce éloignée ? » Ça n'avait aucun sens si, comme il l'avait déjà pensé alors qu'il se trouvait encore à l'extérieur, la maison était déserte.

« Mais qui te dit qu'elle l'est ? » Un frisson traversa Luc. Décidément, ici, rien n'était normal.

« Et alors, quelle importance ? Tu étais dehors, tu as un toit au-dessus de la tête. Tu as failli mourir de froid, et maintenant tu es au tiède. Tu crèves de faim et... »

Ça, c'était un autre problème. À résoudre d'urgence. Avec l'aide de la providence, ou n'importe quelle aide qui viendrait s'offrir à lui.

Luc se tourna vers la première porte sur sa droite. Ses doigts effleurèrent le panneau, il colla une oreille au battant. *Tèp-tèp-tèp-tèp-tèp*... Il tressaillit, recula. Le bruit semblait venir du sol, juste derrière l'huis. Un rat ? Sans doute. Le tapotement s'éloigna. Mais Luc ne se sentait pas à l'aise pour autant. Comme si... comme si des yeux invisibles étaient en train de l'espionner. Il se retourna brusquement.

La porte d'entrée, qu'il avait laissée grande ouverte, s'était silencieusement refermée derrière lui. Dans la lumière sourde, il ne parvenait même plus à la distinguer sur le pan mort du mur. Un frisson crépita sur ses épaules, qu'il chassa d'un mouvement spasmodique. La porte s'était refermée, d'accord. Et alors ? Ce devait être le vent. Ou l'effet d'un ressort. Il avala un peu de salive sèche, se résolut à lancer un nouvel appel.

– Il y a quelqu'un ? Oh là ! Quelqu'un ?

À ses oreilles, sa voix mourant dans les profondeurs lui parut légèrement chevrotante. Il se sentit ridicule. Rats ou pas, il devait agir. Sa main pesa plus fort sur le panneau devant lequel il était planté. Le battant pivota avec autant de facilité que tout à l'heure le vantail d'entrée, dévoilant la perspective d'une longue pièce rectangulaire baignant elle aussi dans la spectrale lueur grise

À pas mesurés, Luc traversa la salle sur toute sa longueur. Elle était vide, à part quelques coffres alignés contre le mur de gauche. Il en toucha un, pour constater avec surprise qu'il était en métal, et non pas en bois, comme n'importe quel coffre honnête. Une bizarrerie de plus... Au fond de la pièce s'ouvrait une autre porte. Il la franchit, pour se trouver au seuil d'une deuxième pièce, exactement semblable à la première. À son extrémité, encore une porte, encore une pièce. Se pouvait-il que la maison fût aussi grande ? Logiquement, il aurait dû atteindre la tour d'angle. Dans un renfoncement, une dernière porte donnait sur un escalier descendant. Vers les caves ?

« Allez, mon vieux... Qui ne risque rien n'a rien ! »

Luc s'engagea dans le colimaçon, où il finit par découvrir une des sources de la lumière mystérieuse, qui filtrait d'une imposte creusée en haut de la paroi. Luc tenta d'en sonder les profondeurs en se hissant sur la pointe des pieds, sans pouvoir distinguer rien d'autre qu'une phosphorescence blême, pareille à celle d'un gros ver luisant. Pas une chandelle ni une mèche à huile, en tout cas. Il secoua la tête, renonça, reprit sa descente.

Au bas des marches s'étirait un corridor voûté, dans lequel il s'enfonça. Et de nouveau... *Tèp-tèp-tèp-tèp...* Le bruit de pattes, le même que celui entendu un peu plus tôt, le fit sursauter. Encore les rats ? Des rats invisibles, alors. Ou cachés dans les murs...

Le trottinement décrut rapidement, se muant en une sorte de ronronnement grésillant. Griffes de chat sur du métal ? Poisson jeté dans la friture ? Luc se plaqua contre le mur. Son cœur cognait. Sa main droite, mue par un vieil automatisme, se referma sur le manche du coutelas, qu'il dégagea de l'étui. Son poignet tremblait, mais la lame poudroya de manière rassurante dans la lumière de craie. C'était un excellent acier espagnol – vendu en tout cas comme tel par un colporteur. Elle lui avait maintes fois servi à se tirer d'un mauvais pas, où tous les discours du monde n'auraient pas eu plus d'effets qu'un pet sur une armure. Même si, dans les situations qu'il avait eu à affronter, une égratignure suffisait pour montrer sa détermination. Seulement, qui égratigner, ici ?

Luc se décolla du mur. Autant il avait eu froid pendant la nuit, autant son corps semblait maintenant bouillir – mais de la mauvaise sueur de la peur. Il fit quelques pas hésitants, dépassa un nouvel angle de couloir. Le grésillement de friture revint. Quelque part devant lui, une lumière palpitait, jaune vif, variant d'intensité à la manière des flammes d'un feu brassées par un soufflet. Le couteau passa de la main droite à la gauche et, de l'index et du majeur raidis, Luc se frappa le front et le buste en un signe de croix hâtif, qu'il jugea bon de répéter tout en balbutiant : « Jésus-Marie-mère-de-Dieu... Jésus-Marie-mère-de-Dieu... »

Puis il fit volte-face et prit ses jambes à son cou, ne s'arrêtant pile qu'après avoir dépassé un troisième angle du couloir. Troisième ? Il n'avait tourné qu'une fois à l'aller. Qu'avait-il fait ? À quel moment avait-il pris le mauvais chemin dans cette maison du...

« Eh bien ? Pourquoi tu ne le dis pas ?

Cette maison du diable ! »

Luc se signa de nouveau. Une fois de plus, une fois de moins... Il ne croyait pas au diable, pourtant. Ou juste un tout petit peu plus qu'à Dieu. Sa vie d'escholier dissolu l'avait écarté de l'Église, il n'était pas allé à confesse depuis Pâques 1438. Pourtant, à cet instant précis, le secours de la religion n'aurait pas été de trop. Mais où le repêcher, dans le gouffre de son âme aussi vide qu'un jour sans pain ? Et puis, le diable... Il ne fallait pas exagérer ! « Qui l'a vu, réellement vu, hein ? Tu t'es plus vraisemblablement fourré dans l'antre d'un sorcier. » Oui, ce n'était pas impossible. Alors un sorcier qui se jouait de lui ? Cette perspective n'était pas plus agréable, car ce genre de jeu peut se terminer très mal pour qui n'en connaît pas les règles...

Il n'y avait donc qu'une seule solution : prendre la poudre d'escampette au plus vite.

Fort de cette décision, l'étudiant se remit à courir, dépassa un nouveau coude du couloir... et avala un soupir qui ressemblait à s'y méprendre à un sanglot. Au lieu du passage rectiligne qu'il espérait trouver, deux couloirs identiques s'ouvraient devant lui.

Il était perdu, complètement perdu.

Luc de Melun n'eut par la suite aucune idée du temps qu'il passa à errer dans ces couloirs tous semblables qui s'ouvraient devant lui sans aucune logique. Des heures, sûrement. Et aucune idée des distances qu'il parcourut. Des lieues, sûrement. Ce qu'il y avait de certain, c'est que les souterrains de la maison s'étaient transformés en un labyrinthe d'où il lui était impossible de s'échapper. Il courait, il marchait, il courait, pour toujours buter contre un cul-de-basse-fosse, pour toujours devoir revenir sur ses pas. Parfois, le grésillement renaissait, sans que jamais il pût en découvrir la source.

Il hurla en croyant voir une silhouette humaine disparaître derrière un angle :

– Qui est là ? Qui vive ?

Retrouvant un semblant de courage, il fonça, le cœur au bord des dents. Mais, derrière l'angle, il n'y avait personne, seulement le vide d'un autre couloir. À ce moment-là, il porta la main à son visage ; étonné, il sentit un liquide lui humecter la paume. Il pleurait ! La honte qu'il en ressentit fut telle que ses larmes séchèrent rapidement. Mais il dut marcher longtemps encore avant que le sort ne lui fût enfin favorable.

Ce sort se manifesta sur un palier où s'ouvrait une haute porte. Cette fois, elle ne donnait pas accès à une salle nue, mais à une pièce de taille moyenne aux murs boisés. La lumière qui y régnait n'était pas l'habituelle lueur grise, mais une fluctuante nappe orange provenant d'une rangée de torches fixées aux parois ; ainsi que d'un honnête feu pétillant dans une cheminée de pierre de taille. Au milieu de la salle, une table était dressée, illuminée de deux bougeoirs plantés de nombreuses chandelles. La table était surchargée de plats, de coupes, de saucières, de bouteilles. Une unique chaise au dossier tapissé avait été disposée à la place d'honneur.

Une chaise vide, qui l'attendait.

Dès le premier coup d'œil, il n'avait eu aucun doute : cette table, c'est pour lui qu'elle avait été dressée. À supposer que ce ne fût pas son cerveau qui lui avait soufflé cette certitude, c'était à coup sûr son estomac. Diable, sorcier ? Et alors ? Ventre affamé n'a pas d'oreilles. Et pas de scrupules. Toutes ses craintes furent balayées en un clin d'œil. Ne restait que la faim, une faim dévorante qui venait de loin, de la nuit dans les frimas, de la journée qui l'avait précédée, de toutes celles qui s'étaient succédé au long d'un rude hiver de misère...

« À moi, victuailles ! »

Luc se précipita sur la table, sa main rafla une cuisse de volaille nageant dans une épaisse sauce brune. Il planta ses canines dans la viande tendre, chaude, odorante. Une rigole de jus dégoulina sur son menton. Au moment de mordre jusqu'à l'os, ses mâchoires se bloquèrent. Il venait de repérer, sur la paroi en face de lui, une petite porte close en partie dissimulée par des tentures. Ses yeux roulèrent dans leurs orbites, scrutant les murs, sondant l'entier volume de cette salle à manger miraculeuse. La joyeuse lueur des flammes dansait dans le foyer noirci, sur les tissus rouge cardinal, sur les poutres et la solive centrale du plafond. Et sur la porte.

Allait-elle s'ouvrir ?

Mais non. Sagement, elle demeura close sous son regard fixe. Alors ses mâchoires se remirent en mouvement, et ses dents broyèrent la cuisse rôtie à point, qu'il éplucha en deux bouchées. Puis il se jeta sur une carcasse de lapin croustillante à souhait. Sa chemise s'auréola de sauce tandis qu'il lacérait la chair brune. La soif lui mordit les entrailles ; il saisit à deux mains un carafon pansu, se versa dans le gosier une rasade interminable de vin frais parfumé à la cannelle. Il s'étouffa, toussa à en perdre haleine. Le vin était inhabituellement fort, sans aucun rapport avec l'aigre piquette qui faisait l'ordinaire de ses soirs de beuverie.

Il s'épongea le menton d'un revers de manche ; ses yeux étaient revenus malgré lui à la porte du fond. « Te décideras-tu à paraître, qui que tu sois ? » L'huis, sourd à ses pensées, se refusait à battre sur son hôte invisible, qu'il soit fermier, marchand, seigneur, sorcier... ou le diable en personne. Et pour rien au monde il ne serait allé y toquer. Pourtant quelqu'un était bien venu ici, peu de temps auparavant, quelqu'un qui avait rechargé le foyer, dressé la table, allumé les bougies... et s'était éclipsé juste avant sa venue.

Qui ? Et que signifiait cette conduite pour le moins étrange, dans un pays et à une époque ou le fer, le feu et le sang étaient plus couramment dispensés que la charité et l'hospitalité ? Était-ce une épreuve visant à tester son éducation ? Dans ce cas, nul doute qu'il avait d'ores et déjà échoué. Alors, avant qu'il ne soit chassé comme un malpropre qu'il était, autant en profiter !

– À ta santé, maître de ces lieux !

Luc sourit avec effronterie, tira vers lui un nouveau plat et continua à s'empiffrer. Gibier, poissons de rivière, purée et polenta, fricassées de légumes, pâtés en croûte, terrines aux truffes, gâteaux de foies en gelée, fruits caramélisés, crèmes aux multiples saveurs... il goûta à tout. Jamais il n'avait mangé autant, et des mets aussi délicieux, même lors des plus fastueux Noëls de Melun.

Et il but. Un vin couleur d'or pétillant, un autre, rouge, à vous emporter la gueule, des liqueurs roses et vertes. La tête finit par lui tourner. Il s'adossa contre sa chaise, ferma les paupières, lâcha un rot sonore, s'agita sur son séant. Sa vessie était gonflée à se fendre. Il devait se soulager d'urgence. Il se leva, la salle dansa devant ses yeux. « Je suis complètement soûl », pensa-t-il, ce qui le fit rire tout haut. Il tituba. Où étaient les latrines ? Un vertige le saisit, il heurta une paroi de l'épaule, se raccrocha au pan d'une tenture. Il allait exploser. Au diable les latrines ! Il baissa ses chausses, compissa longuement le mur. Puis, une envie en entraînant une autre, il s'accroupit pour soulager ses intestins sur le parquet ciré, comme il l'aurait fait dans le caniveau d'une sombre ruelle de Saint-Germain. Ensuite, après s'être rajusté, il revint s'affaler sur sa chaise. Aussi incroyable que cela parût, il avait encore faim, et encore soif. Et la table était toujours aussi pleine...

Dire que, peu de temps auparavant, il se maudissait d'avoir pénétré en ces lieux, où la chère était si bonne et les vins inépuisables ! Et le tout sans bourse délier. Oui, mais... « Et si tu dois quand même payer, d'une manière ou d'une autre ? » Il venait de se souvenir des bruits colportés au sujet du seigneur de Rais, un des compagnons de la pauvre Jeanne qui, disait-on, attirait en son château jouvencelles et jouvenceaux sous prétexte de bonne chère... pour ensuite leur réserver un sort que l'on n'évoquait qu'à voix couverte, ou au contraire avec des détails qui faisaient froid dans le dos.

Allons ! Gilles de Rais était loin d'ici. Luc grignota quelques gaufrettes, répandit sur son menton la moitié d'une louche de crème aux œufs, se resservit un verre. Et quelques autres. Maintenant, ce n'était plus seulement les murs qui dansaient, mais la table elle-même, avec les bouteilles qui se gondolaient, les plats qui se contorsionnaient. Il tendit une main hésitante vers un cruchon de rosé, qui se dédoubla subitement ; il le rata, le récipient se renversa, son contenu se répandit avec un bruit de torrent dans une carcasse évidée de dinde trônant au milieu d'un champ chaotique de purée de châtaignes.

Luc rit de nouveau, à ne plus pouvoir s'arrêter. Son regard aviné glissa une fois de plus vers l'extrémité de la salle, que la lueur du feu emplissait d'une nappe groseille. Il cligna les paupières. Là-bas, contre la plinthe, quelque chose bougeait. Une masse sombre et allongée qu'il ne parvenait pas à distinguer clairement. Chat ? Chien ? L'animal s'était arrêté à l'endroit approximatif où il s'était soulagé. Un bruit de lapement s'éleva. Luc rit jusqu'à s'étrangler à l'idée que la bête s'appliquait obligeamment à nettoyer ses déjections.

Mais ses yeux se fermaient de plus en plus souvent, et il avait de plus en plus de mal à les garder ouverts. Il chuta en avant, son front s'enfonça dans une mare de sauce figée. Il tenta un dernier effort pour se redresser, abandonna, se laissa submerger par la bienheureuse fatigue de l'ivresse.

Un instant plus tard, il dormait et ronflait.

Alors seulement la porte du fond s'ouvrit.

3

Les genoux de Luc vinrent cogner son menton. Il ouvrit les yeux. Une intense lumière blanche lui cisailla méchamment les prunelles. Il se redressa, ses cuisses se détendirent. Il se réveillait toujours ainsi, noué sur lui-même, en hérisson. Une manière de se protéger pendant son sommeil contre les mauvais coups de la nuit.

Il se secoua à la manière d'un chien qui s'ébroue. Il avait mal partout. Assis, il dénoua le drap bleu pâle resté entortillé à sa poitrine, tandis que ses yeux papillotants tentaient de faire le point sur la pièce où il avait dormi. Ce qui n'était pas aisé, tant la lumière était cruelle. Où était-il ? Cette question à peine née, la réponse explosa dans son cerveau.

Dans la maison du diable.

Ses mains palpèrent son visage, son buste, ses membres. Il était nu mais intact, il se sentait propre, débarrassé de la crasse accumulée depuis des jours et des semaines. Il n'avait pas été dépecé, rôti, écartelé, il ne brûlait pas dans les feux de l'enfer. La veille, il avait mangé et bu plus que de raison, et probablement avait-il piqué du nez au milieu de la table. Oui... mais après ? Après, quelqu'un l'avait conduit dans cette chambre, l'avait dévêtu, lavé, couché.

« Qui ? Qui t'a ainsi étrillé ? Quel serviteur obéissant à quel maître ? »

Ses doigts s'attardèrent sur les draps, aussi fins que ceux d'un lit de princesse. « Ou ce que tu imagines comme tel. » Il dansa sur le matelas, aussi moelleux que s'il avait été garni de plumes d'oie. Ce qui était peut-être le cas. Décidément, après un repas de roi, une nuit de reine...

Il se leva. Un léger éblouissement lui embruma la vision ; mais il passa vite. Et, ses yeux enfin dessillés, il put mieux apprécier l'apparence de la chambre. Elle était remarquablement nue, avec des murs lisses et blancs, sans fenêtre, et un plafond uni d'où émanait, en nappe uniforme, la cruelle lumière blanche sans source visible. La pièce ne comportait que le vaste lit bas et un grand siège arrondi, bleu sombre, où étaient empilés... oui, c'étaient bien ses vêtements. Il alla les toucher, les renifla. Ils sentaient bon. Eux aussi étaient propres, plus propres qu'ils ne l'avaient été depuis des semaines ou des mois. Et tous leurs accrocs – y compris les trous de ses mitaines – avaient été reprisés, si méticuleusement qu'il fut incapable de voir les fils.

Pourquoi s'occupait-on ainsi de lui ?

C'était une bonne question. Parce que, dans le monde impitoyable que Luc connaissait, on ne recevait jamais rien sans donner quelque chose en échange, cette chose fût-elle impalpable. Un service, par exemple. Un engagement. Un serment.

Ou... son âme ?

Quelques pattes froides trottinèrent sur sa nuque, mais il les ignora. Il s'écarta du siège. Ses pieds foulaient une étendue pelucheuse gris brun. Une peau de chèvre ? Plutôt cinquante peaux assemblées, si parfaitement qu'il était impossible d'en distinguer les coutures. Décidément, la domesticité ici était digne de tous les éloges. Il secoua la tête, se dirigea d'un pas assuré vers une porte qu'il venait de remarquer, presque invisible sur le mur blanc. Il en tourna la poignée, une simple boule, blanche elle aussi, peut-être de l'ivoire.

La porte ne donnait pas sur un couloir, comme il l'avait pensé, mais sur une autre pièce, plus petite que la chambre, mais aussi illuminée sous l'intense éclairage du plafonnier. Ce qu'il remarqua en premier fut un grand miroir appliqué à la paroi face à lui. Il put s'y examiner tout à loisir, dans la lumière magique qui sculptait le moindre relief de son corps. L'image renvoyée ne lui était guère flatteuse : pâle et maigre, les joues creuses semées de poils épars, les côtes saillantes, le genou cagneux. Il se détourna vite de ce portrait qui puait la misère.

À gauche du miroir se trouvait une sorte de bassin ovale, taillé dans la même matière ivoirine que le reste de la pièce. Pas de doute, il s'agissait d'une étuve. L'endroit était une pièce à bains, qui comportait également une espèce de vasque accrochée au mur de droite, sous un miroir plus petit. Mais où étaient les brocs ? La vasque comme l'étuve étaient surmontées de becs de fontaine, aussi luisants qu'une lame d'épée et agrémentés de rouelles.

Il en fit pivoter une. Immédiatement de l'eau jaillit dans la vasque, si chaude qu'elle lui brûla le dos de la main. Incroyable ! Il observa un long moment l'eau fumante se déverser dans la vasque sans donner le moindre signe de tarissement. Luc n'ignorait pas que les Romains antiques possédaient ce genre de commodité ; mais l'usage s'en était perdu depuis des siècles et des siècles, et il aurait fallu que le propriétaire des lieux fût bien fortuné pour entretenir semblable installation.

Luc emplit ses poumons de l'atmosphère de la salle à bains. L'odeur en était agréable, sucrée et poivrée à la fois, celle de parfums discrets mais rares. Et pas du tout celle du soufre. Alors pourquoi ne profiterait-il pas de ces lieux, comme il avait profité de la table ? Jadis, alors qu'il était encore un étudiant pauvre mais bien mis, il avait assidûment fréquenté les étuves de Saint-Germain, et leurs énormes cuves en bois où le bain était collectif, la mixité de rigueur, et l'ambiance plutôt joyeuse.

Une pointe de nostalgie le pénétra. Il s'apprêtait à enjamber le rebord de la cuve quand il perçut le bruit. Il n'aurait pu dire ce qui l'avait provoqué.

Mais il était pétrifié par cette certitude : quelqu'un était entré, quelqu'un se trouvait dans la chambre.

Il dut maîtriser les battements forcenés de son cœur avant de trouver le courage de repasser le seuil de la pièce. Il ne s'était pas trompé. Quelqu'un était entré, par une porte demeurée jusqu'alors indécelable mais qui maintenant béait face au lit. Quelqu'un ? La tension qui raidissait le dos de Luc fondit instantanément. L'homme qui se trouvait dans la chambre ne pouvait présenter le moindre danger. Car c'était l'être le plus vieux que l'étudiant eût jamais vu de sa vie.

Il avait devant lui une silhouette bossue, un masque si décharné que les mâchoires paraissaient véritablement faites d'os. Le front était jaune, entouré de quelques mèches semblables à du crin desséché. Enfoncé dans des orbites caverneuses, un regard jaune brasillait. La bouche violette souriait, mais l'effet était plutôt celui d'un ricanement satanique laissant filtrer, là où auraient dû se trouver les dents, deux éclairs de métal.

Le vieillard était vêtu d'un simple surcot noir, une tenue de moinillon. Cependant, Luc était certain de se trouver en présence du maître des lieux.

Le diable ? Allons donc ! Plutôt un ermite... Rassuré, mais soudainement conscient de sa nudité, il rafla ses vêtements sur le siège et les plaqua contre son ventre. C'est alors que l'homme parla.

Ses premiers mots furent si surprenants que Luc ne fut pas sûr d'avoir bien compris.

– Alors te voilà ! Comme il est étrange de te revoir... après tout ce temps.

Le rictus s'écartela sur un lacis de flétrissures, dévoilant un peu plus la crénelure des dents d'acier. Le vieillard se mit en marche. Un léger ronronnement accompagnait ses pas – le même, Luc en eut la révélation, que celui entendu dans le labyrinthe. Ce n'est qu'à cet instant qu'il remarqua les tiges métalliques, en partie dissimulées dans les plis du surcot, qui couraient le long du buste et des membres du vieil homme, jusqu'à son cou et sa nuque, où ils se ramifiaient en une fine résille. Luc n'eut que le temps de faire un pas en arrière alors que l'être allait l'atteindre.

– Monsieur... messire..., bredouilla-t-il enfin.

Il ne sut comment poursuivre. Ni comment appeler le vieillard. Seigneur ? Cela n'engage à rien, tout en flattant celui à qui l'on s'adresse. Il n'eut pas l'occasion de tourner sa langue au fond de sa bouche que l'homme l'apostrophait de nouveau.

– Voyons, Luc, ne reste pas planté ainsi. On dirait que tu as vu un fantôme... Habille-toi. J'ai beaucoup de choses à te dire. À t'apprendre. À te montrer. Et pour cela je ne crois pas, hélas !, avoir beaucoup... de temps.

Ces mots parurent accentuer le rictus. Un peu de bave coula des lèvres craquelées. Toujours sans savoir quoi répliquer, Luc se vêtit en un tournemain. Habillé, il se sentit plein d'une assurance factice, que renforçait le poids sécurisant du couteau à sa ceinture. Aussi réussit-il à prononcer d'une voix à peu près ferme :

– Je n'ai que trop tardé à vous remercier pour votre hospitalité, seigneur. Mais pardonnez-moi : vous semblez me connaître. Dois-je penser que vous étiez une relation de Charles Moreau, mon défunt père ?

Au fond des orbites cadavéreuses la petite flamme vacilla :

– Ton défunt père ? Je l'ai bien connu, en effet. Je t'expliquerai. Mais ce n'est pas lui dont je veux t'entretenir pour l'instant. Il y a plus urgent. Viens !

Dans un mouvement de familiarité aussi soudain qu'imprévu, le vieillard tendit une main, qui se referma sur l'avant-bras droit de Luc avec une dureté qui tenait plus de l'os, du bois dur, du métal coupant que de l'honnête chair. Le jeune homme voulut se dégager des pinces qui lui meurtrissaient la peau. En vain. Le visage du vieillard était tout près du sien, avec sa peau croûteuse aussi cousue de crevasses qu'une vieille peinture d'église noircie par la fumée des cierges. Une odeur fade et acide à la fois en émanait, cire, embaumement, dernier toilettage d'un défunt.

«Tudieu ! On dirait un fantôme. Ou quelqu'un qui vient de sortir de la tombe... » Et si c'en était bel et bien un qui s'agrippait ainsi à lui ? Un de ces démons intermédiaires dont le rôle est de capturer les vivants pour les faire passer... de l'autre côté ? Luc haleta, tenta faiblement de ruer tandis que la serre d'os et d'acier le poussait vers la porte. Mais, lorsqu'il se retrouva dans un corridor éclaboussé de lumière blanche, il était déjà vidé de toute énergie.

– Ne dirait-on pas que tu as peur de moi, Luc ? caqueta le vieillard. Bien sûr, tu as peur. Et cette peur, je peux t'assurer que je la comprends. Mais, crois-moi, elle est sans objet. Tu penses que je suis le diable, n'est-ce pas ? Satan en personne, ou un de ses serviteurs... Allons, regarde-moi ! Je n'ai ni cornes, ni queue fourchue, ni pieds de bouc. En fait de démon, je ne suis qu'un pauvre diable, au seuil de l'éternité. Alors ne t'offusque pas, je t'en prie, si je m'accroche ainsi à ta jeunesse...

La voix était nouée de tant de cliquètements que Luc imagina la gorge de l'homme renforcée de pièces d'acier aussi nombreuses que celles qui le tapissaient de l'extérieur. Elle s'acheva en une quinte. Le vieillard ferma les yeux, trébucha. Sans qu'il l'eût vraiment voulu, Luc passa son bras libre autour de la taille, où ses doigts rencontrèrent les ressorts flexibles cerclant les côtes et se prolongeant par des tigelles articulées le long des cuisses. Il comprit alors que cette fine armature ne servait pas à protéger l'homme en noir, mais à soutenir un corps si affaibli que, sans elle, il se fût effondré. Qui avait pu forger cette ingénieuse mécanique ? Un armurier florentin, peut-être. Ou un Arabe de Cordoue.

En tout cas, la peur comme la répulsion s'étaient mêlées à un sentiment nouveau : la pitié. Et c'est ainsi que, portant presque le vieillard, il se laissa guider jusqu'à l'extrémité du couloir, où une porte coulissa silencieusement devant eux sans que personne ne l'eût manœuvrée. À peine ce seuil franchi, l'étudiant laissa échapper un hoquet de surprise. La salle plongée dans la pénombre où il venait de prendre pied était encombrée de meubles métalliques, sur les pans desquels clignotaient des lueurs multicolores que jetaient de gros yeux de verre ou de petites lucarnes à la surface bombée. Des chiffres ou des lettres défilaient sur certaines de ces lucarnes, mais trop vite pour que Luc pût en saisir la signification. Et quelle main invisible les calligraphiait ?

L'homme qui s'accrochait à son bras n'était peut-être pas un séide du diable, mais des puissances diaboliques ne pouvaient qu'habiter sa demeure. Une quinte secoua de nouveau la carcasse. Plus faible encore, plus sifflante que jamais, la voix du vieil homme monta péniblement :

– Nous sommes ici au cœur de mon domaine. Quoique, quand je parle de cœur... il serait plus juste de dire qu'il s'agit de son cerveau... de ses yeux, de sa mémoire... Je sais ce que tu penses. Je lis en toi comme dans un livre ouvert. Ce qui se trouve dans cette enceinte... n'a rien à voir avec la magie. Seulement avec la science. Bientôt, très bientôt, tout cela sera à toi.

– Messire..., voulut protester Luc. Je ne suis pas... ne veux pas...

– Tais-toi, et écoute-moi..., râla le vieillard dans un souffle qui s'amenuisait. Cette maison est tienne. Des puissances que tu ne peux imaginer l'ont décidé ainsi. C'est ici que tu apprendras... tout ce que tu dois apprendre. Je sais que tu as envie de t'enfuir. Et que cette envie ne te quittera pas de sitôt. Mais il ne faut pas. Tu m'entends ? Il ne faut pas !

Ces derniers mots avaient été martelés avec une force toute particulière. La dernière parcelle de force habitant ce corps délabré, sans doute. Car, aussitôt, le souffle s'interrompit et le vieillard s'alourdit entre les bras de Luc. Malgré cette répugnance à fleur de peau qui continuait, quoiqu'il s'en défendît, à lui donner la chair de poule, il inclina le visage jusqu'à ce que son oreille touchât les lèvres flétries. La voix qui revint après un long silence était plus voilée que jamais, empreinte d'un désespoir pathétique.

– Non ! Pas encore... pas tout de suite... Le moment n'est pas venu ! J'ai encore... tant de choses à t'apprendre... Luc... Luc !

La voix s'émietta en un craquement de bois vermoulu. Une main aux phalanges soulignées de métal crocheta la chemise de Luc. Un bref instant, il eut l'impression terrible que le vieillard cherchait à l'entraîner vers cet endroit sans retour où il ne voulait surtout pas aller. Il résista, tandis que les genoux de l'homme ployaient. La main aux doigts de fer n'avait pas lâché le pan de chemise, qui s'arracha de la ceinture du haut-de-chausse. Luc agrippa cette serre impitoyable, réussit à dénouer la prise. Il sauta en arrière, laissant le corps à sa chute inéluctable. Dans la lumière d'eau croupie que renvoyaient les lumignons verts et rouges, cette lente chute avait des allures de noyade. La tempe frappa le sol avec un bruit mat, puis le corps n'eut plus un mouvement. Les yeux, grands ouverts, étaient restés vrillés à ceux de Luc.

– Messire ? Seigneur ? souffla celui-ci en se penchant pour appliquer l'oreille, comme on le lui avait appris, sur la poitrine inerte.

Il l'y laissa longtemps, mais il savait déjà, avant de faire le geste, qu'il était inutile. Le vieillard venait de franchir le seuil devant lequel il avait trop longtemps retenu son dernier pas.

Il était mort.

4

Agenouillé près du corps, Luc demeura un long moment sans réaction. Ce n'était pas tant la mort venue chercher le vieillard jusque dans ses bras qui le figeait ainsi. Des morts, il en avait connu beaucoup, dans la plupart des cas de bien pires. Et le vieillard avait fait plus que son temps. Ce qui le laissait interdit, c'étaient les dernières phrases intelligibles prononcées à son intention. « Je sais que tu as envie de t'enfuir. Et que cette envie ne te quittera pas de sitôt. Mais il ne faut pas. Tu m'entends ? Il ne faut pas ! »

Il ne fallait pas ? Pourquoi donc ? Et qu'est-ce qui aurait pu l'en empêcher ? Car, s'il y avait une chose et une seule à laquelle aspirait Luc en cet instant précis, c'était bien de ficher le camp, et vite !

Il était en train de se redresser lorsque, dans son dos, un bruit grinçant retentit, qui le fit tressaillir. Sa bouche et ses yeux s'écarquillèrent. On venait de pénétrer dans la salle.

On ?

Souffle bloqué, Luc recula. Ce qui avançait dans sa direction ne se rattachait à rien qu'il connût. Il s'agissait de deux formes métalliques, qui se mouvaient avec un ronronnement prononcé et vinrent s'immobiliser de chaque côté du corps étendu. La plus grande avait l'apparence d'un homme grêle entièrement caparaçonné de métal argenté. Il aurait pu s'agir d'un chevalier en armure de tournoi si brassières et cuissardes n'avaient été beaucoup trop minces pour gainer des membres de chair ; la visière du casque oblong ne comportait pas d'oculaires ni de ventaux, mais trois gros yeux de verre disposés en triangle, un rouge, un jaune et un bleu, ainsi qu'une sorte de petite bouche ronde à l'orifice grillagé.

La seconde apparition était plus courtaude et n'avait rien à voir avec une silhouette humaine ; plutôt avec un chaudron de cuivre roux, aux flancs renflés, et qui avait la particularité d'être muni de membres articulés, une demi-douzaine au moins, chacun terminé par des pinces ou autres instruments de ferronnerie. Le chaudron semblait glisser sur le sol. À l'aide de roulettes dissimulées sous le bord inférieur de sa carapace ? C'était probable... Cette idée soudaine permit à Luc de comprendre à quoi il avait affaire. Des *machines*. Aussi incroyable que cela pût paraître, ce n'était rien d'autre que des machines, certes très perfectionnées, des espèces d'automates mus par des mouvements d'horlogerie, que le vieillard avait dû façonner dans le secret de son antre.

« Bon. D'accord. Des machines qui marchent ou roulent toutes seules. De la mécanique conçue par un habile forgeron. Tu n'as aucune crainte à avoir... »

Soulagé provisoirement, Luc reprit sa respiration pour observer en silence ce qu'allaient faire ces machines ambulantes... Si l'armure, penchée en avant, restait immobile, son masque reflétant une sorte de stupeur presque comique, les pinces du chaudron s'étaient mises à palper le torse et le visage du mort avec une étrange délicatesse. Un pertuis coulissa au centre du tonnelet, libérant une lanière sombre qui s'infiltra sous le surcot noir, à la manière d'un serpent qui aurait cherché à se repaître des viscères du cadavre. Luc ébaucha un geste involontaire quand un nouveau phénomène le figea. Une voix, sortie de nulle bouche :

– Il est mort et bien mort, 01. Cette fois, on peut dire qu'on est jusqu'au cou dans l'eau de boudin...

La voix, neutre, douce, chantante, modulée avec un accent indéfinissable, ne venait pas de nulle part, non. Elle émanait du chaudron, cela ne pouvait faire aucun doute. Une seconde voix répondit, plus grave, plus sonore. Celle-là sortait du heaume de l'armure. Les machines ne se contentaient pas de bouger. Elles parlaient !

« Sorcellerie ! Diableries ! »

– Tu es sûr, 02 ? Vraiment sûr ? Je n'arrive pas à le croire. Ce n'est peut-être que son (... un mot que Luc ne comprit pas) qui a sauté. Et si on essayait de le rebrancher, comme les autres fois ?

– Non, 01. Qui est compétent en matière de biologie, hein ? Il est mort, point à la ligne. Alors pourquoi en faire tout un plat ? C'était prévu, tu le sais bien. Seul le moment exact était impossible à déterminer.

– Bon, d'accord, il est mort, il est rétamé. Ce n'est pas la peine de nous engueuler. Emportonsle et mettons-le dans (... encore une expression inintelligible). Mais avoue que ce n'est vraiment pas de chance. Juste au moment où...

La voix s'interrompit brusquement, tandis que la tête pivotait au sommet du gorgerin compliqué qui tenait lieu de cou à la machine. Les pattes familières crépitèrent contre la nuque de Luc ; les trois yeux s'étaient posés sur lui, palpitant d'un éclat de vitrail frappé par le soleil.

– Au moment où celui-là arrive ? reprit le chaudron. Et alors ? Cela aussi était prévu. Ce qu'il faut...

– Ce qu'il faut, c'est s'occuper de ce pauvre garçon. Regarde-le ! Il ne sait pas où il en est. Mets-toi à sa place ! Tout doit lui paraître incompréhensible. Nous sommes au-dessous de tout. On ne l'a même pas salué...

La machine-armure trottina vers Luc, lui tendit un gantelet comportant nettement plus de cinq doigts. Le jeune escholier voulut reculer. Avec consternation, il se rendit compte que la peur le pétrifiait à tel point qu'il en était incapable.

– Je vous prie de bien vouloir nous excuser, Luc Moreau. Notre maître ici étendu nous avait recommandé de ne pas nous montrer à vous avant que vous ne soyez familiarisé avec cet environnement qui doit vous sembler pour le moins curieux. Hélas ! les circonstances présentes font que...

– Abrège, abrège ! Tu deviens plus bavard que moi, fit la machine-chaudron de sa voix la plus suave.

L'armure modula un soupir qui filtra de sa bouche ronde. La main pleine de doigts toucha l'épaule de Luc. Ce fut plus que le jeune homme ne pouvait en supporter. Il bondit en arrière, heurta douloureusement un meuble métallique, se précipita vers la porte, la franchit en courant. Et, sans cesser de courir, il s'enfonça une fois encore dans le labyrinthe. Une voix le suivait, collant à ses tympans :

– Arrête-toi, Luc ! Sois raisonnable. Nous ne te voulons aucun mal. Seulement te parler, t'expliquer...

Les machines étaient-elles sur ses talons ? Il jeta un coup d'œil dans son dos en passant un angle. Derrière lui, personne. La voix paraissait sourdre des murs... ou de nulle part. Et puis qu'importait ? Une seule chose, en vérité : sortir d'ici.

Lorsqu'il déboucha, par chance, par hasard ou par grâce divine, dans le hall où il s'était retrouvé la veille, il se crut sauvé. Mais la porte d'entrée n'était soulignée que par une rainure pas plus visible qu'un cheveu ; et elle ne comportait ni poignée ni loquet. Il s'y brisa un ongle avant de sortir son couteau et d'attaquer la mince fente de sa lame. Elle dérapa dix fois. Il réussit enfin à en introduire la pointe sur quelques millimètres, pesa sur le manche. La lame cassa net.

Luc demeura un instant immobile, le manche inutile à la main, tandis que son cœur tambourinait. Il ruisselait de sueur. En lui la fureur enflait – une bonne fureur, qui fit refluer la panique. Il jeta le couteau au loin, hurla :

– Je veux sortir d'ici ! Ouvrez cette porte !

– Luc..., fit une voix douce qui sembla résonner à quelques centimètres de son oreille.

Il se retourna, poings levés.

À deux pas de lui, un jeune homme et une damoiselle le regardaient en souriant.

– Je m'appelle Jean. Et voici Jeanne.

Luc avait été conduit dans la salle où il avait mangé et s'était soûlé. Ou une autre, identique. On l'avait prié de s'installer sur un siège à dossier de cuir, on lui avait mis en main un verre rempli d'une boisson fermentée, une sorte de cidre, qu'il avait bue jusqu'à la lie sans quitter le couple des yeux.

Le jeune serviteur et sa compagne étaient restés debout devant lui. Ils se ressemblaient de manière étonnante. La même taille, le teint mat, les yeux noisette, le cheveu brun, classiquement coupé au bol chez le garçon, coiffé en deux bandeaux se rejoignant en une longue tresse pour la fille. Leur vêture aussi était de même coupe : une tunique de daim brun clair serrée à la taille, une chemise de fines dentelles, des chausses turquoise prises dans de courtes bottines. Le frère et la sœur, cette dernière affectionnant l'habit masculin ? C'était probable. Entre dix-huit et vingt ans, c'est-à-dire son âge à peu près. Et ce qui était le plus curieux, c'est que Jean et Jeanne lui ressemblaient beaucoup – frère et sœur qui auraient pu être son frère et sa sœur, si sa mère avait vécu assez longtemps pour lui donner une fratrie.

Luc soupira. Il aurait été faux de prétendre qu'il s'était détendu. Mais au moins n'était-il plus noué comme un hérisson qui se protège du renard. Il n'avait plus en face de lui des machines qui parlaient. Seulement un page et une femme de chambre. Il réussit à sourire :

– Je ne sais quoi dire... Vous devez penser que je me suis comporté avec une grande stupidité. Votre maître m'avait pourtant bien dit... Il semblait me connaître... Qui était-il, en vérité ? J'ignore même son nom.

Il s'interrompit, les idées passablement embrouillées.

– Le maître attendait ta venue, c'est vrai, murmura Jean. Mais je ne peux t'en dire plus à son sujet. Sauf qu'il savait beaucoup de choses – plus que ne peut en rêver ta philosophie. C'était un homme très savant, un alchimiste fabuleux, un grand mécanicien, un sage comme il n'en existe pas en cette époque, dans ce pays ou dans un autre. Mais sois assuré qu'il n'était pas un sorcier, moins encore une créature du diable. C'était ton semblable, Luc. Un homme. Et tout ce que tu verras dans cette demeure n'est que le produit de la science. Le maître aurait voulu t'expliquer tout cela. Il n'en a pas eu le temps. C'est donc à nous que tu auras affaire, désormais. Considère-nous comme tes serviteurs, tes obligés...

Le damoiseau et la damoiselle échangèrent un sourire qui modela leurs lèvres de façon identique. Luc, qui avait écouté avec une impatience grandissante, se leva brusquement.

– Mes serviteurs, dites-vous ? Sachez que je n'en ai cure. Vous vous exprimez comme des théologiens, mais sachez que les savants mystères enclos dans cette demeure ne me concernent pas. J'ai apprécié un gîte et un couvert dont j'avais grand besoin, et je vous en remercie. Maintenant, je n'ai qu'un seul désir : partir d'ici, retourner à Paris. Si vous voulez bien me guider vers la sortie...

Cette fois, ce fut à Jeanne de parler. Elle avait la même voix que son frère :

– Tu ne saisis pas, Luc. Le maître avait des projets te concernant : tu devais rester en sa compagnie et apprendre ses secrets. Sa disparition n'a rien changé à des plans qui doivent nécessairement s'accomplir. Il ne peut qu'en être ainsi. Tu comprendras un jour...

Luc fit un pas en direction des deux jeunes gens. Ses lèvres étaient pincées, il avait la mèche en bataille et un pli dur partageait son front.

– Comprendre quoi ? cracha-t-il. Que je suis prisonnier et que vous êtes mes geôliers ? Que je ne peux sortir ? Et qui me retiendrait ? Vous, mes gracieux amis ?

– Laisse-nous le temps de t'expliquer, firent les deux bouches d'un seul souffle.

– Il suffit, avec les explications qui n'en sont pas ! Conduisez-moi à une issue. Tout de suite ! Ou je...

Luc tendit le bras, empoigna le col en dentelle de Jean. Ou crut le faire. Mais ses doigts ne rencontrèrent que le vide. Il poussa un hoquet involontaire – le bruit de l'air expulsé de sa poitrine. Sa main voleta devant la figure du page. Devant ? Non : il pouvait voir ses doigts raidis s'agiter à l'intérieur même du visage toujours souriant.

Le jeune homme n'avait aucune consistance. Il n'était qu'une image insubstantielle.

Une fois de plus, Luc était confronté aux fantômes.

5

Une fois de plus, il courait.

Une fois de plus il détalait à travers le labyrinthe, comme s'il avait eu le guet à ses basques, en invoquant Dieu tout-puissant, le Seigneur Jésus, la Vierge Marie et un certain nombre de saints dont il se souvenait encore.

Mais, comme trop souvent, ou comme toujours, cela ne servit à rien. Il martela du poing des portes qui ne s'ouvraient pas, franchit des pièces immuablement vides, grimpa des escaliers, en descendit. Lorsqu'il se retrouva dans un cul-de-sac, il se laissa glisser contre le mur. Et ferma les yeux. Il aurait été incapable de dire si l'eau qui humectait ses joues était de la sueur ou des larmes. Ce ne fut qu'en sentant un frôlement sur le bras qu'il réussit à rouvrir les paupières.

La manche de sa chemise avait été proprement découpée. Il éprouva une légère douleur. Une fine aiguille venait de pénétrer sous sa peau, à la saignée du coude, en plein dans une veine renflée. L'aiguille était fixée à un cylindre de verre empli d'un liquide ambré dont le niveau baissait rapidement. Une sensation de froid lui paralysa le bras. Quelle sorte de substance lui injectait-on ? Un poison mortel ? À cet instant, il s'en moquait. Tordant le cou, il vit sans surprise que c'était la machine-armure qui tenait le piston. À ses pieds se trouvait la machine-chaudron. Derrière eux, Jean et Jeanne souriaient paisiblement.

L'épuisement le submergea. Il n'avait plus de corps. Il eut seulement conscience qu'il tombait – à moins qu'on l'eût aidé à s'allonger sur le sol. Ou plutôt sur un charroi quelconque, parce qu'il s'aperçut que le plafond intensément lumineux défilait à la verticale de ses yeux plombés. On l'emportait. Dans un caveau, une fosse commune, un puisard, où il pourrirait comme toute chair désertée par l'étincelle divine ? Aucune importance. Il continuait à tomber, à sombrer, à s'enfoncer, mais il se sentait bien, enfin délivré. Il avait froid, mais ce froid n'était pas désagréable. Au contraire, il achevait d'insensibiliser sa pauvre carcasse, de la rendre aussi insubstantielle que Jean et sa sœur. Cette pensée le fit sourire malgré son absence de lèvres. Ce fut le dernier éclair de sa conscience. L'éternité l'engloutit. Ou seulement un sommeil bienheureux.

Un sommeil sans rêves et sans durée, dont il émergea d'un bloc, l'esprit clair, le corps reconstitué. Il pouvait entendre son cœur battre au centre de sa poitrine, le sang ruer dans ses veines de l'extrémité de ses pieds au bout de ses doigts.

Pendant quelques minutes, il ne sut plus où il était, ni ce qui lui était arrivé. Et puis tout lui revint. Il était allongé dans un lit moelleux, le lit – et la chambre – où, il l'aurait parié, il avait dormi la nuit précédente. *Sa* chambre, *son* lit, en quelque sorte.

Alors, il n'était pas mort ? Non seulement il ne l'était pas, mais il se sentait même mieux qu'il ne l'avait été depuis des semaines et des mois, au physique comme au spirituel. Il ouvrit les yeux. Un sursaut de panique le fit se cabrer entre les draps.

Non... !

Une troupe de cavaliers venait de traverser le mur face à lui, comme si la pierre n'avait été que brouillard. Les hommes à cheval furent sur lui en deux enjambées caracolantes. Il vit les sabots s'enfoncer dans son lit, il en vit un pénétrer dans sa poitrine.

Il hurla.

N'y avait-il pas des siècles qu'il ne faisait que cela, hurler ?

Son cri s'étrangla. Plusieurs sabots avaient perforé son buste et son ventre, avant de continuer de battre sur toute la longueur de la chambre, volant à plusieurs centimètres au-dessus du sol. Mais il n'avait ni ressenti la moindre douleur, le moindre choc, ni entendu le moindre bruit.

Les cavaliers, au nombre de cinq ou six, des gentilshommes vêtus d'étoffes colorées, poursuivirent leur cavalcade vers le mur opposé, où ils s'imprimèrent un fugitif instant avant de disparaître. Luc se redressa. Il n'avait pas eu le temps d'avoir peur, pas vraiment. Le phénomène n'avait aucune réalité. C'était une sorte de rêve éveillé. Encore un tour de cette maison, encore des images trompeuses. Comme Jean et Jeanne.

Et lorsqu'on pense au loup...

La porte s'ouvrit, ils apparurent. Toujours souriants, ils approchèrent du lit d'un même pas, sans faire plus de bruit que les cavaliers.

Dans un premier temps, Luc se raidit, serra les poings. Mais il savait désormais que, physiquement, il ne pouvait atteindre ces farfadets. Et à quoi aurait-il servi qu'il se lève d'un bond, se lance à nouveau dans une fuite éperdue dans les couloirs ? Il aurait été rattrapé, comme la dernière fois. Et, à supposer que, par miracle, il fût parvenu à s'échapper, c'eût été pour retrouver la neige, le froid, la solitude, les dangers... Le mieux était de se calmer, d'essayer de comprendre ce qu'on lui voulait, et voir venir.

Il soupira, se détendit, examina avec plus d'attention les deux apparitions sans substance. Ils avaient changé de vêtements, et portaient des tenues plus extravagantes, avec un pourpoint très ajusté à la taille et un vaste col amidonné, des culottes bouffantes et ajourées enfoncées dans de hautes cuissardes, une courte capeline. Jean était en jaune soufré, Jeanne en bleu roi. Comme ils se ressemblaient ! Cette question n'avait guère d'importance, mais ce fut la première que Luc posa.

– Vous êtes frère et sœur, n'est-ce pas ?

– Nous le sommes, oui, répondit Jeanne. Et même jumeaux.

– Jumeaux ? Pas de chair et de sang, en tout cas. Ni nés de l'homme et de la femme. Je me trompe ?

– Tu ne te trompes pas. Mais, si nous sommes dépourvus de chair, nous ne sommes pas pour autant des anges. Tu sais qu'ils n'ont pas de sexe, alors que nous sommes garçon et fille. Tout au moins en apparence. Car il est vrai que nous n'existons que comme des copies d'êtres humains, de simples images. Le maître nous a créés ainsi. On peut dire que nous sommes ses enfants. Non par le sang, certes, mais par la science...

Luc, redressé contre ses oreillers, hocha la tête. « Ce que tu entends n'a aucun sens. Mais ne t'en préoccupe pas. Au contraire, tu dois accepter comme écu comptant tout ce qu'on te dira. Plus tard, il te sera toujours temps de faire le tri. » Une philosophie qui valait ce qu'elle valait. La pensée l'effleura que cette docilité nouvelle pouvait être le résultat de l'élixir qui coulait dans ses veines, mais cette idée le déserta aussi rapidement qu'elle s'était imposée. Il sourit.

– Je comprends, murmura-t-il – bien qu'il ne vît pas vraiment comment des images pouvaient bouger, parler, raisonner.

Il ajouta :

– Des hommes à cheval ont traversé la chambre. Ils n'avaient pas plus de substance que vous. Des images, eux aussi ?

– Non, dit Jeanne en s'asseyant avec une familiarité troublante sur le bord du lit, dont elle ne creusa pas le moins du monde la surface. Ces cavaliers étaient réels. C'était toi, la chambre et l'ensemble de la maison qui ne l'étaient pas pour eux... C'est difficile à expliquer, mais essaie de comprendre. L'air que nous respirons est invisible. Néanmoins il existe. Pour ces cavaliers, la maison était aussi invisible et immatérielle que l'air.

– C'est une des facultés de la demeure du maître, reprit Jean. Il arrive qu'elle... devienne invisible un certain temps, pour échapper à la curiosité, ou à une menace – la guerre, par exemple. Nous disons alors qu'elle se déphase dans l'espace-temps. Mais tu saisiras ces concepts plus tard...

– Plus tard ? répéta Luc, s'efforçant d'ironiser sans que cela fût perçu comme de l'agressivité trop manifeste. Lorsque j'aurai appris tous les mystères de ce lieu ?

– C'est ce que nous avons déjà tenté de te faire valoir, oui. Mais tu n'as pas voulu écouter ! La vérité est que le maître était le seul être vivant de cette maison. Seulement il était devenu très vieux. Si la science et la médecine peuvent reculer la mort, elles restent impuissantes à la vaincre. Le maître savait que son temps était compté. Il t'a choisi pour le remplacer...

– C'est ridicule, voyons ! Je n'ai rien d'un savant. J'étais étudiant en médecine, c'est vrai. Mais un étudiant qui avait pris un bien mauvais chemin...

– Pas si mauvais, puisqu'il t'a conduit ici. En outre, nous savons que le maître avait une raison précise pour te choisir. Même s'il ne nous l'a pas confiée. Pour le reste, tu apprendras. Tu as tout le temps pour ça...

– Tout le temps ? Admettons. Mais je n'ai toujours pas compris à quoi sert cette maison, hormis le fait qu'elle peut devenir invisible. Vous en parlez comme s'il s'agissait d'un être vivant.

– En un sens, elle est vivante, fit Jean, introduisant son index sous le col de sa tunique en un geste terriblement humain. C'est une énorme et très complexe machine.

– Une machine ?

Pendant quelques secondes, Luc tenta d'imaginer la maison selon des critères familiers. Avec une gigantesque forge cachée dans les sous-sols, pas exemple. Ou une menuiserie assemblant des charpentes de cathédrale dans des recoins insoupçonnés.

Il reprit sans conviction :

– Cette machine sert à fabriquer quoi ?

– Rien. Elle se borne à enregistrer des images. Elle est une sorte de bibliothèque. Ou, mieux, de mémoire. C'est un témoin de l'Histoire. À mesure que le temps se déroule, des yeux captent les événements importants de l'histoire des hommes. Et la maison les classe dans sa mémoire.

Luc fronça les sourcils, tandis que les concepts prenaient péniblement place dans son cerveau. Une bibliothèque ? Comme celle d'Alexandrie, qu'avait brûlée César ? C'était déjà plus compréhensible, plus raisonnable. Il hasarda :

– Cette pêche aux images... cela remonte à loin ?

– À très loin, Luc.

– Vraiment ? Des siècles ? Les croisades ?

– Bien plus loin...

– L'empereur Carolus Magnus ? Pas jusqu'à l'empire de Rome, tout de même ?

– Mais si, Luc. Et bien plus loin encore.

– Plus loin ? Cela n'a pas de sens ! Ce bâtiment devrait être en ruine depuis longtemps. Et le maître ? Il n'avait pas mille ans !

– Dans sa chair, non. Pourtant, il a vécu bien plus que mille années. Quant à la maison... nous t'avons expliqué ce qu'il en était à propos des cavaliers. Elle se garde des œuvres du temps tout en protégeant qui y demeure. Quand elle se déphase, elle traverse les années et les siècles beaucoup plus vite que le reste de l'univers.

– De nouveau, je ne comprends plus rien. Comment peut-on aller plus vite que le temps ? Et que se passe-t-il pour qui se trouve dans la maison ?

– C'est simple : celui qui habite la maison dort. Ainsi ne subit-il pas les atteintes de l'âge. Ou très lentement.

Pour la première fois depuis son réveil, une onde d'inquiétude submergea Luc.

– Très lentement... Dis-moi la vérité, Jeanne. Ce sommeil dont j'émerge... il a duré plus d'une nuit, n'est-ce pas ?

Jeanne se borna à hocher la tête.

– Des semaines ? Des mois, peut-être ?

– Tu as plongé dans le sommeil en février 1439. Ensuite la maison a... sauté dans le temps. Cette matinée est celle du 11 septembre 1515. Tu as dormi soixante-seize ans.

6

Une machine roulante pénétra dans la chambre. Au bout de ses bras articulés elle portait un plateau où était disposé un somptueux petit déjeuner composé d'œufs frits, de lard, de pain croustillant, de fruits.

Luc avait faim. Il eut un geste pour partager ce repas avec ses deux compagnons, puis il se souvint que leur corps n'était qu'illusion. Alors, comme au premier soir, il s'empiffra.

– Je parviens difficilement à l'imaginer, marmonna-t-il la bouche pleine. Tous ceux que j'ai pu connaître sont morts, alors. Mon oncle Enguerrand, le curé de Saint-Ambroise, mes compagnons d'études... Et le monde ! Est-il encore celui que j'ai connu ? Il a dû s'en passer, des choses... Crénom, vous deux... vous m'avez bien eu ! À quoi servirait que je m'échappe, maintenant que mon univers s'est dissous dans la poussière des âges ? Je suis condamné à demeurer en cette maison...

Jeanne sourit :

– Condamné n'est pas le mot juste, Luc. Plus exactement, tu es destiné. Et on n'échappe pas à son destin. Le tien est d'être le témoin de l'Histoire.

– L'Histoire ? Alors, dites-moi... ce vieux grigou de Charles, par exemple. Je suppose que ses os blanchissent en quelque sépulcre ?

– Il est mort le 22 juillet 1461.

– Je ne le pleurerai pas. Et l'Anglais ?

– Il y a longtemps que l'Angleterre a quitté le sol de France. La nation est libre et forte, aujourd'hui. Son souverain se nomme François, premier du nom. Si nous nous sommes stabilisés à cette époque, c'est que, dans deux jours, François Ier va livrer une bataille primordiale contre l'Italie, en un lieu appelé Marignan. De cette bataille naîtra un monde nouveau. Néanmoins, c'est l'Italie de la famille des Médicis et du pape Léon X qui est le creuset principal des bouleversements actuels. Ton époque est terminée, Luc. Même si elle a duré mille ans. Au regard de l'Histoire, on l'appelle déjà le Moyen Âge. Et celle que nous avons abordée, la Renaissance...

– Pas si vite ! s'étouffa Luc.

Toute la journée, il ne cessa de poser des questions et d'emmagasiner les réponses.

Par exemple :

– La médecine, dites-moi... C'est mon domaine, après tout. Peut-on guérir de la peste ? Remettre en place un membre arraché ? Des bras et des jambes métalliques ?

– Hélas, non, Luc. À peine a-t-on appris un peu mieux à apprécier la fonction des organes grâce à la dissection des cadavres, désormais courante malgré l'hostilité toujours vivace de l'Église...

– Ah ! L'Église... Toujours aussi puissante, je parie ?

– Le pape l'est, en tout cas. Léon X est très redouté.

– Je veux bien le croire. Mais tu me parlais d'une bataille. Où en est l'art de la guerre ?

– L'art ? Si tu tiens à l'appeler ainsi... La guerre s'est trouvée un nouveau maître, l'artillerie, qui a changé la pratique des sièges. Nul n'est plus à l'abri à l'intérieur de murailles, désormais. À ce propos, je dois t'apprendre que le Turc Mohamet II a enlevé Constantinople, dernier vestige de l'Empire romain d'Orient, en 1453. Tout n'est pas noir, cependant. Le monde que tu as connu s'est élargi. Un certain Vasco de Gama a balisé la route des Indes. Mais ce n'est rien face à l'exploit de Christophus Colombus, qui, croyant atteindre ces mêmes Indes par l'ouest, en se lançant sur l'océan, a découvert en 1492 un immense continent inconnu.

Il y eut bien d'autres questions, et bien d'autres réponses, au cours des jours, des semaines, des mois qui suivirent.

Luc écoutait, il absorbait. Ce qu'il ne comprenait pas, il le mettait de côté. Parfois, un mouvement de révolte le saisissait. Mais il ne durait jamais bien longtemps. En réalité, ce monde nouveau le passionnait. Il était avant tout un être humain, doué de raison et de curiosité. Et la première constatation qui marqua son esprit fut la conscience de l'étendue phénoménale de son ignorance. « Alors, pourquoi ne pas la combler ? Pour ça, tu as le temps, beaucoup plus de temps que n'importe quel mortel de l'extérieur. Vas-y! Soûle-toi de cette portion d'immortalité qui t'est offerte. Tu viens d'un sombre chaos, d'une existence peu clémente, où froid au cul quand bise vente et ventre vide en toutes saisons étaient ton lot. Ton avenir? Toutes les chances, ou toutes les malchances, de se terminer prématurément sous la dague d'un écorcheur, l'épieu d'un soudard du guet, l'épée d'un reître, la dent d'un loup ou les noirs maléfices de la peste... »

Dans la maison, il était en sécurité. Et c'était bon à prendre. Le confort qui y régnait était bon, lui aussi. La salle de bains, par exemple, avec l'eau courante et les latrines à siphon. Ou les cuisines – bien qu'il n'y en eût pas à proprement parler, seulement des machines qui préparaient ce qu'on voulait quand on le leur demandait (il fallait dire: quand on les «programmait»), à partir d'un stock de matière première transformée en fruits, en légumes, en viandes ou en poissons.

– De l'alchimie?

– Non, nous appelons ce processus de la chimie moléculaire, répondit avec obligeance le chaudron. N'importe quel corps est formé de molécules simples, de parcelles de matière que l'œil ne peut saisir. Il suffit de savoir les séparer, puis les recombiner pour obtenir un corps différent.

– Comme une branche qui brûle se résout en cendre ?

– Tu comprends vite, Luc.

Il eut tout de même plus de mal à accepter cette lumière blanche qui régnait partout, mais qu'on pouvait éteindre et rallumer à volonté, et qu'il fallait appeler *électricité*.

– C'est une énergie subtile, dont la foudre est une manifestation naturelle, tenta d'expliquer Jeanne. Dans la maison, elle sert à faire tourner les machines, à nous chauffer pendant l'hiver et à produire cette lumière qui t'intrigue tant. Veux-tu voir ?

Son impalpable servante le fit descendre dans les sous-sols, où il vit un énorme cylindre de métal noir entouré de multiples cadrans et écrans. C'était de cette machine que montait le bourdonnement permanent qui, le premier soir, avait tant inquiété Luc.

– Un générateur à fusion froide, murmura l'image qui l'accompagnait, sans avoir l'air de savoir elle-même de quoi elle parlait exactement.

– Et qui s'en occupe ?

– Mais... personne, fit confusément la jeune fille.

– Je vois, marmonna Luc, qui ne voyait rien du tout.

Une fois qu'on en avait bien mesuré les arcanes, la maison restait compliquée et souvent incompréhensible, certes, mais plus si mystérieuse, ni si effrayante. Elle était divisée en étages à usage scientifique et en une succession de salles nues qui, à condition d'en assurer la programmation, pouvaient être transformées en pièces habitables munies de tout le confort souhaitable – ainsi de la salle à manger du premier soir. De petites machines de formes diverses s'occupaient de ça. Ces machines-là s'appelaient des robots. 01 et 02 étaient des robots. Plus perfectionnés toutefois que les autres, qui, eux, restaient muets.

Car la machine-armure et la machine-chaudron étaient réapparues dans le sillage de Jean et Jeanne. Peu à peu, ils se substituèrent aux « hologrammes » – comme devaient être désignées les images vivantes – pour ce qui était de son apprentissage. Aussi se fiait-il de plus en plus aux deux robots bavards pour son activité favorite, dont il ne se lassait jamais : l'observation des images du monde...

– Regarde, dit la machine-armure. Les yeux de la maison sortent par ici.

Le robot avait conduit Luc sur une terrasse surélevée, au centre de la bâtisse. Le crépuscule enveloppait le bâtiment d'une pénombre violette. Le jeune homme n'en revenait pas de se trouver de nouveau à l'air libre, après des jours, ou plutôt des semaines de confinement. Ses yeux erraient à travers le ciel assombri. Ce ciel, pour lui, avait un goût de liberté qu'il pensait avoir oublié. « Et alors ? Qu'est-ce que tu crois pouvoir faire ? Courir jusqu'aux créneaux et sauter de dix ou quinze mètres ? De toute façon, tu tomberais dans la cour intérieure... » Il secoua la tête, puis tressaillit tandis qu'un bruit inconnu cinglait ses tympans.

Wouffff! Il eut à peine le temps de voir un objet sombre suivi par une traînée de flammes jaillir d'une sorte de grosse cheminée plantée en plein milieu de la terrasse, que celui-ci se perdait déjà dans les nues. On aurait dit... une chauve-souris à qui un petit malin aurait mis le feu au derrière.

– Où vont ces choses... ces yeux, comme tu les appelles ?

– Partout dans le monde, pour enregistrer des images. Mais nous disons plutôt des films. Ensuite, ils regagnent leur casemate. Au cas où un observateur extérieur les repérerait, il croirait à une pluie d'étoiles filantes.

– Mais ces images, que deviennent-elles ? Est-il possible de les regarder ?

– Bien sûr ! Sinon, à quoi servirait-il de les enregistrer ? Tu voudrais les voir ?

Luc ne se fit pas prier. Les robots le conduisirent dans la salle où le maître avait rendu l'âme. On l'installa face à une grande lucarne – non : il fallait dire « un écran ».

– Que désirerais-tu voir ? demanda le chaudron.

– Eh bien... notre nouveau souverain... ce jeune roi qui, le mois dernier, a gagné la bataille de Marignan !

– Rien de plus facile !

L'obscurité se fit dans la salle, et le défilement des images commença. Au début, le jeune homme fut tenté d'avancer les mains vers l'écran pour saisir les silhouettes qu'il voyait s'y agiter, pas plus grandes que des insectes. Mais il se ressaisit vite. « Des images ! Tu le sais bien, ce ne sont que des images... »

Certes, les vues étaient systématiquement prises de très haut, ce qui donnait à Luc l'impression d'être un espion perché au sommet d'un clocher. N'empêche qu'il se régala de pouvoir admirer des heures durant ce François de Valois paradant au milieu de sa cour où fourmillaient les élégantes, chevauchant de fougueux destriers, luttant à mains nues contre de jeunes seigneurs, se livrant à des joutes dont il sortait toujours vainqueur. Ces images respiraient l'opulence, l'insouciance. Quelle différence avec son époque, où le royaume, réduit à un mouchoir de poche, ployait sous le joug anglais !

Quant à François, c'était un homme élancé au teint clair, avec une figure latine, une moue spirituelle et un fin bouc frisotté. Il était le plus souvent vêtu d'écarlate et affectionnait les tenues extravagantes à la mode, avec collerette en fraise et manches et chausses à crevés, comme en portaient Jean et Jeanne. Était-ce bien ce coquelet qui avait défait les Italiens ?

Luc fit défiler les bandes de la fameuse bataille, pour voir le roi, en cuirasse dorée, caracoler à la tête de sa cavalerie. Mais il les interrompit en notant les ravages de l'artillerie – poitrines défoncées, chevaux perdant leurs tripes sous le caparaçon.

– Il est vrai que nous avons un bon roi, conclut-il néanmoins, lui qui n'avait eu que mépris pour le faible Charles VII.

– Parce qu'il se bat comme un soudard? fit derrière lui la voix de Jean, à moins que ce ne fût celle de Jeanne, puisque les deux hologrammes venaient de se matérialiser ensemble dans la salle.

Il ne sut quoi répliquer, et se borna à suivre ses deux compagnons immatériels quand ceux-ci lui eurent signifié que quelqu'un désirait lui parler.

– Quelqu'un? Qui? jeta-t-il, interloqué, sans obtenir de réponse.

Sa surprise se mua en stupéfaction incrédule quand, passé une porte ouvrant sur une pièce où il n'avait jamais mis les pieds, il reconnut la silhouette qui, face à lui, s'encadrait dans un rectangle lumineux.

Le maître.

– Rassure-toi, Luc, tu n'es pas le jouet d'une hallucination. Je suis bien mort. Et je ne suis pas pour autant un fantôme. Ce que tu vois et entends

– tu l'as déjà compris – est un enregistrement holographique qui a été fait peu avant que je glisse dans le néant. Je tenais à te parler, par delà ma mort, même si je ne suis plus là pour t'entendre.

L'image du maître eut ce ricanement que Luc n'avait pas oublié, mais qui paraissait plus serein, ou plutôt empreint d'une tristesse sereine, même si l'ironie n'en était pas absente. Avec retard, le jeune homme comprit que l'enregistrement avait été fait *avant* leur rencontre, avant que le maître n'eût abordé ses heures dernières...

– Puisque tu es en train de m'écouter, Luc, c'est donc que tu as accepté le sort que je te destinais. Tu comprendras plus tard qu'il ne pouvait en être autrement. Ce qui pour l'instant importe, c'est que tu sois convaincu d'occuper une place unique dans l'histoire de l'humanité. Sous tes yeux, siècles et millénaires vont s'écouler. Le monde va subir des bouleversements considérables. Tu en seras le témoin. Tu vas être la mémoire du monde, et le gardien de cette mémoire. Un lourd fardeau ? Tu en mesureras toi-même le poids. Si je peux t'aider dans cette tâche, je serai toujours là. Ou au moins mon image. À toi de décider si, dans l'avenir, tu éprouves le besoin d'y faire appel. À bientôt, peut-être, Luc.

Un sourire de bienveillante sympathie craquela le lacis de rides sur le visage plombé. Puis tout s'effaça. Luc se secoua, et soulagea une démangeaison subite, réelle ou imaginaire, née entre ses côtes.

– Le maître..., fit-il sans pouvoir achever.

– Mort, il est toujours parmi nous, dit doucement Jeanne. Viens.

Les deux serviteurs conduisirent Luc dans une seconde pièce, au centre de laquelle trônait une sorte de sarcophage. Mais, à la différence des tombeaux de pierre peuplant les cathédrales, celui-ci était métallique, avec un couvercle de verre où jouaient des lueurs rosées. Luc se pencha sur la surface bombée, y appuya les mains, les retira aussitôt : le verre était glacé. À l'intérieur du sarcophage, étendu sur ce qui lui parut être un lit de brouillard solidifié, le maître reposait, vêtu du tout simple surcot noir qu'il portait quand il avait rendu son dernier soupir. Son aspect était le même que soixante-seize ans auparavant. La corruption de toute chair ne l'avait pas altéré, les vers s'étaient détournés de sa dépouille.

– Le corps du maître est protégé par le froid..., murmura un des hologrammes dans son dos.

Luc ne trouva aucun commentaire à faire. Les paroles du maître, prononcées tant d'années plus tôt, dansaient sous son crâne. *« Tu as accepté le sort que je te destinais. »* Vraiment ? Avait-il accepté ? Il n'aurait su le dire avec certitude. Son cerveau était trop embrouillé. Chaque fois qu'il croyait avoir atteint le bout des mystères, d'autres mystères se présentaient.

Docilement, il suivit les jumeaux hors du tombeau. Il savait bien n'avoir d'autre solution que de rester. Et de continuer à apprendre. Oui, il n'avait plus qu'à se couler dans la peau d'un apprenti docile. Mais, quand il en saurait autant que le maître – si ce jour venait –, à ce moment-là, il aurait tout loisir d'opter pour une autre décision...

Deuxième partie

L'APPRENTI

1

Le visionnage des films continua d'être le passe-temps favori de Luc. Un passe-temps, ou sa fonction ? À vrai dire, il ne cherchait pas à faire la différence. C'était tellement passionnant ! Pendant plusieurs jours, il s'intéressa en particulier à cet immense triangle nouvellement découvert, où des êtres trapus à la face plate et à la peau bistre avaient édifié d'étonnantes cités accrochées au flanc des hautes montagnes. Pourtant, aussi bons architectes qu'ils fussent, ces êtres, Incas ou Aztèques, étaient d'une grande cruauté. Luc put ainsi assister à de monstrueux sacrifices humains, au cours desquels des prêtres emplumés au corps recouvert de peintures barbares ouvraient le poitrail de victimes couchées sur des autels de pierre, toujours de jeunes gens des deux sexes.

– Ces infidèles mériteraient qu'on leur fasse entrer un peu de chrétienté dans le lard ! grogna-t-il à l'intention de 02, qui, à son côté, et malgré son absence d'organes de vision, semblait suivre les films avec une grande attention.

– Oh ! rassure-toi, Luc. L'œuvre civilisatrice a déjà commencé : les Espagnols et les Portugais s'occupent à éduquer ces sauvages à coups de canons. Tu as bien compris que le canon est capable de résoudre n'importe quel problème, n'est-ce pas ? Déjà, les conquérants s'appliquent à envoyer directement au paradis la majorité d'entre eux. À moins que ce soit en enfer.

Perplexe, le jeune homme considéra la face sans visage du robot. Philosophe, hein ? Et moraliste.

– Je me demande bien de quel droit tu te permets de parler ainsi, fit-il d'une voix hésitante. Si la Sainte Inquisition t'entendait...

Il s'interrompit, conscient de l'énormité de sa réflexion. C'était la maison tout entière, y compris lui, que l'Inquisition, si elle avait eu vent de son existence, aurait considérée comme une œuvre impie, une création satanique – avec des conséquences évidentes...

Il soupira, se cassa un ongle entre les incisives. Soudainement, il voulut retrouver quelque chose de plus familier. Un événement qui appartenait à son époque.

– 02, pourrais-je voir le martyre de Jeanne la Pucelle ?

Il se retrouva instantanément transporté au-dessus de Rouen, en ce jour douloureux du 30 mai 1431. En cette funeste année de débâcle et de traîtrise, Luc avait onze ans. Il se souvenait qu'il avait pleuré en apprenant la nouvelle. Il vit le bûcher dressé, le cordon des archers anglais, la foule amassée, moins nombreuse qu'il aurait pensé. Il vit la Pucelle, petite femme au crâne rasé engoncée dans sa robe de lin raidie de poix. À sa surprise scandalisée, il entendit des quolibets, et même des cris de haine monter de l'assistance. Puis les fagots s'enflammèrent et, très vite, un torrent de fumée englua la place, rabattu par un soudain vent d'ouest. C'en était trop. Il fit un geste, les images s'effacèrent. La courte destinée de la Pucelle avait bercé son enfance. Qu'en penser, maintenant ?

– Ces injures..., murmura-t-il. Comment cela se peut-il ? Je croyais que le peuple de France...

– Le peuple de France ? grasseya 02. Comme tous les autres, il a la mémoire courte. Et il y a parfois loin de la légende à l'histoire dont elle est issue.

Encore de la philosophie ? Le poing de Luc frappa le pupitre.

– Tu m'agaces, machine bavarde ! Montre-moi donc des choses plus intéressantes. Le commencement. Les premiers enregistrements...

L'écran s'éclaira de nouveau. Sur une scène de carnage, avec des cavaliers brandissant des torches et boutant le feu à un bourg fait de maisons en bois aux toits de palme. Encore la guerre ? Luc renvoya les images au néant d'un geste de la main.

– C'est tout ? Je croyais pouvoir assister à la Création. Dieu soufflant sur la boue et...

Il se tut brusquement, haussa les épaules. Il ne croyait sans doute plus en Dieu, mais ces images faisaient partie de son éducation chrétienne. Et les phrases étaient sorties spontanément de sa bouche. Il regretta aussitôt de les avoir ainsi formulées. Pourtant, le chaudron ne semblait pas avoir remarqué son trouble. Et c'est d'un ton appliqué qu'il répondit :

– La création du monde est un événement tellement lointain que la maison n'aurait pu remonter jusque-là, Luc. D'ailleurs, elle ne s'est pas déroulée de la façon rapportée par les Écritures, même si elles comprennent une part de vérité. Là encore, ce sont des légendes. La création de la Terre, et de l'univers dans son ensemble, est le résultat de convulsions physiques dont tu ne peux avoir idée, et qui se sont poursuivies pendant des milliards d'années. Tu apprendras cela...

– Plus tard, je sais.

– Ce peut être aujourd'hui si tu le désires. Ou demain. Pour ce qui est des images que tu viens de visionner, les premières à figurer dans les mémoires, elles viennent de Mésopotamie et remontent à cinq mille ans environ. Ou, pour décompter le temps d'une autre façon, au XXXVIe siècle avant Jésus Christ.

– Avant Notre Seigneur Jésus Christ..., murmura Luc, ébranlé soudainement par une idée qui ne lui était encore jamais venue à l'esprit. Mais alors... serait-il possible d'assister à la crucifixion ?

Le chaudron laissa passer un silence, émit un raclement de gorge très humain pour laisser enfin tomber d'un ton contrit :

– Je suis navré, mais nous n'en avons aucune image.

– Comment ça, aucune image ? Nul événement important n'échappe aux yeux, tu me l'as assez seriné ! Comment expliques-tu...

– Je ne l'explique pas, Luc. Ou seulement en partie. En Palestine, à l'époque de la mort du Christ, vivaient maints prophètes annonçant la venue d'une ère nouvelle. Et nombre d'entre eux ont été crucifiés par les Romains. Il ne s'agissait pas... d'événements exceptionnels, vois-tu. Ils ne le sont devenus qu'au bout de plusieurs siècles, lorsque la religion chrétienne a assis sa suprématie dans le monde romain. En réalité, il peut très bien y avoir eu plusieurs Christs. Ou aucun. C'est...

– Tais-toi ! Tais-toi, satanée mécanique, ou je te coupe les fils ! Comment peux-tu affirmer une chose pareille ? Et les Écritures ? Prétendrais-tu qu'elles ne sont que mensonge ? Il est vrai qu'une machine de ton genre ne peut guère avoir d'avis sur de si grands mystères ! Et puis, je vais te dire une chose : ne t'est-il pas venu à l'esprit que, si les yeux n'ont rien pu enregistrer du martyre de son Fils, c'est que Dieu l'a voulu ainsi ?

– Cela se peut, Luc... Cela se peut, conclut 02 avec une onctuosité de chanoine.

Luc rumina longtemps cette conversation, la plus troublante de toutes celles qu'il avait eues jusqu'alors à se mettre en tête. Sans parvenir à une conclusion, comme d'habitude. Sauf celle-ci : que le Jésus des Écritures eût ou non existé, la légende demeurait. Et lorsqu'une légende est si belle, si riche, le mieux n'est-il pas d'y croire ? Quant à la Création... Le chaudron avait fini par lui expliquer le processus de la boule de feu qui se refroidit, se couvre de terre, d'eau, et où la vie naît lentement, et lentement se complexifie, jusqu'à l'homme. Pas en six jours, non, mais au cours de plusieurs *milliards* d'années. Là, vraiment, c'était plus qu'il pouvait en intégrer. Alors, il abandonna. Provisoirement.

Car une nouvelle préoccupation lui taraudait l'âme. L'âme ? Le corps, surtout. Pendant toutes les semaines ayant succédé à son réveil, le visionnage des images l'avait tellement passionné qu'il en était venu à oublier l'extérieur – le monde réel. Et puis, peu à peu, les murs aveugles de la maison lui étaient devenus insupportables. Depuis sa brève sortie sur la terrasse, il n'avait plus remis le nez dehors. Dehors, tout proches, il y avait des champs et des forêts, des villes et des villages, des gens. Des gens de chair et d'os, pas que des robots et des images insubstantielles. Il voulait voir ces gens et ces paysages de ses propres yeux, et pas seulement au travers d'un écran. Il désirait de nouveau fouler de ses pieds l'herbe drue et la poussière d'un chemin. Il avait envie d'entendre des voix humaines.

Sortir, il lui fallait sortir.

Il s'en ouvrit au chaudron.

– Sortir ? répéta 02.

S'il avait été un humain, et non une créature de métal, Luc était certain qu'il aurait froncé les sourcils en se frottant le menton.

– Eh bien... en suivant les règles élémentaires de prudence, je n'y vois pas d'inconvénient. L'époque et le pays sont en paix. Il existe un bourg, de l'autre côté de la forêt, vers l'est. Il se trouve à un peu plus de deux lieues en ligne droite. Les fêtes de la Saint-Jean y ont donné lieu à un afflux de paysans, venus pour le marché. Demain, samedi, cette affluence sera à son comble. Pourquoi n'irais-tu pas ? Tu te fondras facilement dans la foule.

C'était le meilleur discours que Luc eût entendu depuis bien longtemps. Il dansa pendant vingt-quatre heures sur des charbons ardents, avant que le moment tant attendu arrive. Le samedi 19 juin 1516, à cinq heures de l'après-midi, la porte de la maison, demeurée obstinément close depuis ce fameux jour de l'hiver 1439 où il en avait pour la première fois franchi le seuil, bâilla devant lui.

Il sortit.

2

Luc ralentit le pas, cligna les paupières. Le ciel était d'un bleu intense au-dessus du vallon, même si le soleil joufflu avait amorcé sa descente vers la lisière de la forêt. Ses yeux, accoutumés à l'éclairage blanc et poudreux de la maison, lui faisaient mal tant la lumière extérieure était forte. Pourtant, ce n'était qu'un jour ordinaire d'une fin de printemps ordinaire...

Luc sourit. Un jour *ordinaire*, vraiment ? Non, puisqu'il était celui de la liberté retrouvée – quand bien même cette liberté était toute... provisoire. Vraiment ? Une démangeaison soudaine envahit sa poitrine, qu'il soulagea en se grattant avec vigueur le sternum et les côtes. Il fit du regard le tour de l'horizon. Personne ne l'observait, personne. Et s'il profitait de cette permission pour prendre le large ? Adieu, la maison, adieu, les robots, Jean et Jeanne, la lumière électrique, l'eau chaude à volonté, la table bien garnie...

Il grimaça, se mordit l'ongle du pouce. Tout compte fait, ce n'était pas une décision si aisée à prendre. Plus tard, plus tard. Il devait d'abord réfléchir. Il s'ébroua, repartit à larges foulées à travers l'herbe haute où des milliers de sauterelles aux ailes colorées bondissaient à chacun de ses pas. Dans le ciel, des corbeaux traçaient des signes cabalistiques. Comme tout était étrange... et si familier à la fois ! Qu'avaient au juste changé les soixante-seize ans pendant lesquels il avait dormi d'un sommeil de glace ? En apparence, rien. Ou seulement, peut-être, sa façon de percevoir les choses.

Au niveau de la lisière, il se retourna. À moins de mille pas, la maison solitaire se détachait contre le pan sombre de la colline. Luc tenta de se remémorer les sensations qui l'avaient empli lorsqu'il avait débouché dans ce même vallon roidi par l'hiver. Mais il en fut incapable. Alors il se borna à lancer un signe moqueur en direction de la façade nue, puis il s'enfonça dans la forêt.

Il mit deux bonnes heures à la traverser, sans rencontrer d'autres bêtes que des écureuils. Quant à se perdre, c'était impossible. 01 lui avait confié un petit boîtier muni d'un cadran où s'affichaient des flèches vertes et rouges, version perfectionnée de la boussole arabe. Il possédait aussi une pendule de poche, une épée, une dague. Avec ses bottes hautes et son justaucorps à manches à crevés, il passerait sans problème pour le fils d'un noble local ou d'un riche marchand. Il aurait certes aimé faire le chemin à cheval ; mais cela, la maison ne pouvait le lui fournir...

C'est d'un pas assuré, la paume gauche épousant la garde de son épée, qu'il arriva en vue du bourg. Sur le sentier qui bordait l'autre côté de la forêt, il avait croisé un char gonflé de fourrage et tiré par deux bœufs somnolents, puis des bûcherons au visage noir, des marchands portant des paniers, des filles rieuses, des ribambelles d'enfants. Ainsi qu'il l'avait prévu, rien dans son allure ou ses vêtements n'attira l'attention. Dans la rue principale, le travail tardif d'un forgeron dans son échoppe remplissait l'atmosphère du bruit clair du marteau sur l'enclume. Des poules caquetantes picoraient sur la chaussée poudreuse, des vieillards assis sur le pas de leur porte bavardaient à mots comptés. Tout était paisible, naturel. Rien n'avait changé.

Il aboutit sur la place de l'église, se décida pour la plus cossue des deux auberges qui la flanquaient, celle dont l'enseigne de fer forgé portait, avec un certain sens de l'opportunisme, l'inscription AU BON ROY FRANÇOIS.

Il s'installa à une table près d'une fenêtre, entouré d'une demi-douzaine de marchands de cochons et d'autant de soldats parlant un dialecte guttural, des Suisses peut-être, ou des Bataves. Au fond de la salle, le feu flambait sous une broche où était empalé un veau entier. Trois mitrons se relayaient à la manivelle, arrosant régulièrement d'huile épicée la carcasse au délicieux fumet. Il en commanda une portion, qui lui fut servie avec des navets et un cruchon du « meilleur vin » – en réalité une simple piquette, à cent coudées au-dessous des inépuisables crus de la maison.

Luc mangea, but. Il se sentait... *chez lui*. Une sensation bizarre, qu'il ne parvenait pas à définir. Il repoussa son écuelle récurée, dérangeant un cafard ventru qui zigzaguait sur la table. Il rabattit machinalement le poing sur l'insecte, dont la carapace craqua de façon familière. Dans la maison... Il sourit de nouveau. Dans la maison, il n'y avait pas de cafards, bien sûr. Ni rats, ni chiens, ni animal d'aucune sorte. Ici, des bâtards faméliques rôdaient entre les bottes des dîneurs et, sous les lattes du plancher, il pouvait entendre les couinements de gaspards en goguette. Au-dehors, la nuit était depuis longtemps tombée. La salle s'était remplie jusqu'en ses moindres recoins. Plusieurs convives tentèrent de lier conversation avec lui, mais il les découragea par son mutisme. Par prudence, et aussi parce que son attention s'était focalisée sur une servante qui, depuis peu, était venue prêter main-forte aux deux robustes matrones officiant entre les tables.

La fille – une délicate brunette aux seins joliment ronds que le décolleté de sa vilaine robe beige ne cachait guère – était mignonne, vive et mince. Il y avait bien longtemps que Luc n'avait pas approché une fille. Soixante-dix-sept ans exactement. Ou alors, en comptant autrement, neuf mois. Et neuf mois, c'était déjà beaucoup. Certes, il y avait Jeanne. Mais Jeanne, il ne pouvait que la voir, pas la toucher, pas même l'effleurer, ce qui ne faisait qu'accentuer ses frustrations.

Luc commença par des sourires, puis échangea quelques mots avec elle à l'occasion de la commande d'un second pichet. Une altercation lui fournit le prétexte désiré pour parfaire ses avances. La jeune serveuse, accablée par le travail, venait de renverser devant lui une cruche de vin sur les jambes d'un dîneur. L'homme éructa une bordée d'injures, leva la main. Le patron intervint, leva à son tour le poing sur la pauvrette. C'est alors que Luc s'interposa.

– Holà, l'aubergiste ! Bas les pattes ! Cette petite est harassée. Je vais lui faire prendre l'air si tu n'y vois pas d'inconvénient. Je paie le vin, les taches, le travail perdu. Et largement, encore...

D'une bourse ouverte comme par magie, des pièces sonnantes et luisant d'un honnête éclat cascadèrent dans la paume du patron. Elles n'étaient évidemment pas authentiques, bien que de bon or chimiquement pur. Mais qui, en cette époque, aurait pu faire la différence ? L'aubergiste se fendit d'une courbette obséquieuse, et Luc n'eut plus qu'à entraîner vers la sortie la servante, ravie.

– Maître Gaétan est quelque peu brutal, c'est vrai, murmura la beauté, peu farouche, qui lui avait livré son prénom : Catherine. Mais il m'a recueillie toute petiote à la mort de mes parents, fauchés par la peste. Sans lui, j'aurais servi de pâture aux corbeaux...

Son rire s'éleva, frais et clair dans la nuit qu'encrassait la fumée des nombreux foyers. Ce rire bouleversa Luc. Mais pas de manière douloureuse, de manière très joyeuse bien au contraire. Une fille qui riait, une vraie fille de chair, cela suffisait pour qu'il se sente revivre. Une fois encore, tel le vol d'un moineau frôlant ses tempes, les idées de liberté revinrent le visiter. *Plus tard, plus tard...*

Luc prit Catherine par la main, la taille, s'enhardit à saupoudrer de menus baisers son cou gracile. Puis il rencontra ses lèvres sans avoir eu besoin de beaucoup chercher. Catherine se dégagea, rit encore, partit en courant. Luc la suivit, la rejoignit dans une grange, où ils s'affalèrent sur la paille...

Le jeune homme ne prit congé que peu avant l'aube, averti par le discret grelot de sa montre. Il aurait pu rester, bien sûr. Il aurait pu. Mais il ne le fit pas. Et le plus agaçant était qu'il aurait été bien incapable de préciser pourquoi.

– Tu reviendras, n'est-ce pas ? roucoula Catherine.

– Bien sûr ! fit-il d'une voix incertaine, troublé par sa propre indécision.

Ce n'était pas un pieux mensonge. Aux jeux de l'amour, la petite s'était montrée si fort savante que Luc se doutait bien qu'il n'était pas le premier à qui elle adressait cette prière. Mais qu'importait ? Il ne s'agissait que d'un jeu, précisément. Et ce jeu, il comptait bien y rejouer sans tarder. Sur un dernier baiser, il reprit le chemin de la forêt, tel un jouvenceau qui doit regagner le foyer paternel avant le lever de ses parents. Ou tels les héros des contes qui, passé l'heure fatale, craignent de voir leur carrosse transformé en citrouille et leur équipage en souris.

Pendant toute la semaine qui suivit, Luc refit chaque soir la route jusqu'au bourg, dont le nom était Clamarcy. Il mangeait à l'auberge et, vers minuit, s'éclipsait en compagnie de Catherine, pour se livrer aux charmants jeux de leur âge. De retour à la maison, il surprenait parfois une lueur ironique dans le regard des hologrammes. Mais il faisait comme si de rien n'était. Quant aux robots, ils le laissaient agir à sa guise, même s'il arrivait à 02 de lâcher une remarque mi-figue mi-raisin, du genre : « Je suppose que l'étude de l'époque te sied mieux *in vivo* qu'*in vitro...* »

De l'humour ? Luc concevait difficilement qu'une machine, aussi ingénieux soient les rouages la composant, pût posséder ce sens si humain. Et puis, au diable les robots et toutes les fantasmagories de la maison ! En cette nouvelle période de sa vie, Catherine lui apportait tout ce qu'il pouvait désirer.

– Mais où t'en vas-tu donc chaque matin ? finit-elle par lui demander sans malice.

Il lui parla alors de son père, riche marchand, vieux et malade, et du château qu'il devait regagner pour veiller au grain et bastonner des serviteurs paresseux.

– Oh ! Tu es du manoir de la Combe ? J'avais pourtant entendu dire qu'on n'y voyait jamais personne. Il y a même des bruits qui courent à son sujet... On le dit hanté ! Pourtant, tu n'es pas un fantôme, mon bel amant.

Luc mâchonna l'ongle de son pouce. Une vilaine manie, qu'il avait depuis quelque temps. Il regrettait maintenant d'avoir parlé à tort et à travers.

N'avait-il pas trop tendance à baisser sa garde ? À Clamarcy, certains commençaient à le saluer. Et, à mesure que passaient les jours, les regards qui pesaient sur lui tendaient à se faire soupçonneux. Une nuit, dans le bois, il crut entendre derrière lui des craquements suspects. Un sanglier, ou un animal à deux pattes qui l'aurait suivi ? Il fut plus ennuyé lorsque, un dimanche soir, Catherine, moitié rieuse, moitié confuse, lui avoua que, pour aller communier ce matin-là, elle s'était rendue la veille à confesse.

– Je vois... Et tu as parlé de moi, je suppose ?

– Que faire d'autre ? J'ai parlé de... nos rencontres, oui. Toute pécheresse que je suis, je tiens à demeurer dans la grâce du Seigneur. Le père Bertrand m'a infligé lourde pénitence. Il m'a même ordonné de ne plus te voir. Mais je ne lui obéirai pas, bien sûr...

Luc soupira bruyamment, tandis que la frivole enfant pouffait sous son regard courroucé. Ce ne fut que la nuit suivante que les choses se gâtèrent...

– Tu n'entends rien, dehors ?

Luc s'arracha des bras de sa tendre amoureuse. Depuis la deuxième nuit, ils avaient coutume de se retrouver dans la petite chambre de la serveuse, à peine plus grande qu'une remise, située dans une des dépendances de l'auberge. Un coup d'œil entre les planches disjointes lui suffit pour voir briller un cercle de torches. Et les murmures qui avaient attiré son attention montèrent en voix intelligibles.

– Sors d'ici, sorcier !

– Qu'on se rende maître de lui !

– Et de sa bagasse !

– Sorcière ! Tu vas voir de quel bois on va te chauffer les fesses !

Luc se rejeta en arrière, chercha à tâtons ses chausses et son ceinturon d'arme.

– Tu entends ? souffla-t-il. Tu ne pouvais pas tenir ta langue ? Vois dans quelle situation tu nous as mis ! Il faut sortir d'ici, et vite !

La remise n'avait qu'un seul accès, une trappe dans le plancher, donnant sur une réserve. Les deux amants se faufilèrent dans ce trou à rats, rampèrent entre des tonneaux, s'éclipsèrent par une petite porte ouvrant sur une ruelle. À peine eurent-ils fait quelques pas qu'une ombre se dressait devant eux et se mettait à hurler. Le hurlement se mua en cri de porc égorgé : Luc venait de sabrer l'intrus d'un revers qui n'avait guère dû qu'entailler sa blouse et, peut-être, érafler sa peau. Les deux fuyards en profitèrent pour courir vers l'extrémité de la ruelle et, de là, traverser une cour que la lune éclairait un peu trop à leur gré. Les torches reparurent dans leur dos ; accompagnées de cris et des abois de nombreux chiens. L'aventure n'avait-elle pas commencé ainsi pour Luc ? Mais, cette fois, il n'eut pas le cœur à rire...

Ils cavalèrent jusqu'à la sortie du bourg, progressèrent dans les champs en friche. Embarrassée par les lourds jupons qui entravaient ses pas, Catherine peinait. Luc la prit rudement par le poignet, la tira en avant. Dans leur dos, une voix rogue à l'accent bourguignon couvrait les exclamations mêlées.

– C'est le père Bertrand, haleta Catherine. Je n'aurais pas cru...

– Tu n'aurais pas cru ? Il est bien temps d'y penser ! Allez, ma belle, fais tricoter tes quenouilles, nous sommes loin d'être rendus...

Ils atteignirent la lisière du bois, s'y enfoncèrent. Parfois la lueur des torches s'étouffait entre les troncs, parfois elle reparaissait ; mais les poursuivants ne semblaient pas gagner de terrain. Plus préoccupants étaient les chiens, bien qu'aucun ne fût encore venu leur mordre les chevilles. À bout de souffle et de forces, Catherine se mit à pleurnicher. Luc, oublieux de toute galanterie, lui frappa le creux des reins.

– Avance ! Avance ! Tu tiens vraiment à tâter de la fourche de ces culs-terreux ?

L'un jurant entre ses dents, l'autre retenant ses sanglots, ils émergèrent enfin de l'ombre dense de la forêt. Aboiements et cris étaient dangereusement proches. La lune, aussi ventrue qu'une truie prête à mettre bas, jetait sur le vallon un flot de lumière spectrale. Luc ralentit le pas, puis s'arrêta. Sa main se referma si fort sur le poignet de Catherine que la jeune fille gémit de douleur.

Devant eux, le creux du vallon était vide. La maison avait disparu.

3

« Ils m'ont abandonné ! »

Le cri de Luc resta prisonnier de son esprit. Il lâcha le bras de sa compagne, se précipita à toutes jambes à travers le pré lunaire.

– 01 ! 02 ! Que faites-vous ? Ne me laissez pas ici ! Revenez, pour l'amour de Dieu !

Mais à cet amour tardivement exprimé personne ne répondit. Et la maison resta invisible. Elle était partie. Luc le comprit en un éclair : elle s'était déphasée dans le temps, à cause de l'approche des villageois qu'il avait entraînés à ses basques. C'était la règle. Il l'avait ignorée, maintenant elle se retournait contre lui. Dans son dos, les gémissements de Catherine se muèrent en cris aigus vite étouffés. Luc se retourna brièvement. Les torches avaient envahi la clairière. Sa main heurta la garde de sa rapière. Une pulsion le traversa : défourailler, revenir sur ses pas, faire rentrer leur fanatisme dans la gorge de ces rustauds. « Mais quelle chance aurais-tu, contre vingt ou trente excités ? »

Son bref accès de courage s'évanouit sitôt apparu. Il repartit en avant, trébucha, faillit s'étaler. Ses bottes semblaient prises dans de la glu. Il agita les bras, avec l'impression de donner du nez contre une toile d'araignée géante suspendue entre ciel et terre. Il se débattit en crachant, à la manière d'un chat enfermé dans un sac et jeté à la rivière. Devant ses yeux, le ciel outremer, le pan obscur de la forêt, l'étendue argentée du champ, tout se troublait, se déformait, se brouillait. Une vague de nausée lui tordit l'estomac. Il sentit qu'il tombait, non pas dans l'herbe, mais dans un puits sans fond de lumière blanche. Une quinte le secoua, il s'agrippa au vide... non, à des aspérités solides de métal.

Le tourbillon reflua, le décor se recomposa. La lumière blanche était celle de la maison. Il se trouvait dans une des salles du bas. Les deux robots l'encadraient, et c'est à 02 qu'il se retenait, comme un naufragé à une planche de salut. Jean et Jeanne étaient là aussi, souriants, à leur immuable habitude. Il était de retour ! Il était sauvé ! Mais... et son amante ? Il balbutia.

– Catherine... elle va... il faut...

Il ne trouvait pas ses mots, l'esprit encore emprisonné dans une brume ouatée. Il ressentit une piqûre à la base du cou ; un liquide à la froideur de glace se répandit dans son corps. Une sensation déjà éprouvée. Il voulut ruer, crier, mais déjà tout s'obscurcissait. Il sombra.

Le plafond blanc de sa chambre fut la première chose à se recomposer à la verticale de ses yeux. Comme la fois précédente. Il se redressa sur les coudes. Jean et Jeanne se tenaient devant son lit. Il grommela :

– Alors... combien d'années m'avez-vous fait dormir ? Cent ? Mille ?

Jeanne sourit :

– Juste trois ans, Luc. Nous sommes en juin 1519.

– Une date importante de l'histoire européenne, reprit Jean. L'élection de Charles Quint, de la maison des Habsbourg, va avoir lieu le 28 de ce mois en la cathédrale de Francfort. C'est un grave échec pour François Ier, qui espérait...

– Je me contrefous de François et de ses manigances ! Que m'aviez-vous fait miroiter ? Que je prendrais la suite du maître. Et vous disposez de moi comme si j'étais la queue d'un rat ! Disparaissez ! C'est au chaudron que je veux parler. Qu'il s'amène. Vite !

Il se leva d'un bond. Les hologrammes s'étaient déjà effacés, remplacés par la bonbonne de cuivre sortie d'il ne savait où, qui dit :

– Ce qui a été accompli devait l'être, Luc. Tu étais très perturbé, il aurait été difficile de te faire entendre raison. Tu sais qu'il nous est interdit d'intervenir dans le cours des événements extérieurs, et il n'était pas question que les énergumènes lancés à tes trousses atteignent la maison. Mieux valait la faire disparaître, le temps que cette fâcheuse histoire sorte des mémoires. Mais tu ne pensais pas sérieusement que nous aurions pu t'abandonner, n'est-ce pas ?

– Si, précisément, je le pensais ! Mais laissons... Catherine seule m'importe. Je me fais l'effet d'un drôle d'oiseau pour l'avoir ainsi abandonnée aux mains de cette graine de cagasses ! Que lui est-il arrivé... il y a trois ans ?

– Eh bien... je crois que tu es en droit de savoir. Viens !

Une fumée noire s'épaissit, se répandit sur la place à la manière d'un torrent boueux. La foule reflua au milieu des toussotements, sans que s'étouffât le cri terrible qui avait jailli du cœur du foyer, qui ne cessait pas, ne voulait pas cesser.

Jeanne au bûcher, encore ? Non – seulement une pauvre et douce fille de son âge, coupable de rien, accusée d'avoir commercé avec un suppôt du diable. Et qui maintenant cuisait en enfer pour l'éternité.

Le vent tourna, découvrant le poteau dressé sur la place principale de Clamarcy. Adhérant au bois noirci, une informe sculpture de sucre caramélisé dégorgeait encore des flocons de fumerolles rousses. C'était plus que Luc ne pouvait supporter. Il se couvrit les yeux de ses paumes, gémit :

– Arrêtez ça !

Lorsqu'il se dévoila le visage, l'écran ne présentait plus que sa surface mate. Il sortit de la salle, bousculant au passage le chaudron, traversant la forme fluide de Jean. Ou de Jeanne. Il n'avait plus qu'à s'enfermer dans sa chambre, en la seule compagnie d'un cruchon de vin. Il était en train de comprendre une chose qui allait l'accompagner toute sa vie. Accumuler les années et les siècles, avoir gagné une sorte d'immortalité, c'était aussi engranger une amertume à goût de sable.

– Tu ne dois pas te sentir coupable de ce qui s'est passé, Luc. Dis-toi que c'est arrivé parce que cela devait arriver, c'est tout. Certains hommes modèlent l'Histoire. Akhétanon, Alexandre, Charlemagne, François Ier. D'autres, infiniment plus nombreux, n'y impriment aucune trace, se bornant à suivre sa marche sans y participer. Inévitablement, nous laissons à mesure tous les gens derrière nous, vite retournés à la poussière. C'est pourquoi mieux vaut ne pas chercher à nouer des liens qui ne peuvent qu'être la cause d'afflictions futures. Il vaut mieux, oui. Mais le pouvons-nous ?

Le vieillard hocha la tête, ricana.

Rectification : son image.

Planté devant la silhouette factice, Luc attendit la suite du message. Mais l'oracle se taisait, la bouche devenue molle ; un filet de salive perlait à ses commissures, le regard de soufre s'était fait absent. Même sa forme se délitait. Un être de brouillard, que le brouillard absorbait. Le projecteur 3D finit par s'éteindre avec des ratés ; à croire que ses circuits étaient aussi épuisés que l'ombre qu'il avait tirée du néant.

« ... Je serai toujours là. Ou au moins mon image. À toi de décider si, dans l'avenir, tu éprouves le besoin de faire appel à elle. » Telles avaient été les paroles du maître lors de sa première apparition. C'est pourquoi Luc était venu le consulter. Mais pour quel résultat ? Une logorrhée sénile dont il n'avait pas véritablement compris le sens. Sauf qu'il lui faudrait continuer à faire des sauts de puce vers un futur dont il ne pouvait savoir s'il serait pire ou meilleur.

François Ier mourut le 31 mars 1547. Il laissait à son fils Henri II la couronne d'une France déchirée par ce qu'on appelait alors l'hérésie, ou encore la Réforme, née de la fougue austère du moine allemand Martin Luther, qui s'était élevé contre les fastes ostentatoires de l'Église papale. Le royaume devint le champ clos de carnages continuels, où le summum de l'horreur fut atteint en été 1572, sous le règne éphémère de Charles IX, lors de ce qu'on nomma la Saint-Barthélemy. Un massacre ordonné par le souverain lui-même, qui avait voulu se débarrasser en une seule nuit de tout ce que le pays comptait de huguenots. Soixante-dix mille personnes passées au fil de l'épée !

Un nouveau saut permit à l'apprenti d'observer avec intérêt l'émergence d'un jeune prince protestant, Henri de Navarre, buveur, batailleur, aimant les femmes et le faste, qui prononça ces fortes paroles : « Paris vaut bien une messe. » Aussi Henri se fit-il catholique une fois monté sur le trône et devenu Quatrième. Tout rentra dans l'ordre apostolique et romain, jusqu'à l'assassinat du souverain en 1610, qui abandonnait ainsi son trône vacant à un enfant de neuf ans, Louis le Treizième. À cette époque, des guerres incessantes ravageaient l'Europe, où l'on se battait en habit chamarré, pour finir haché menu par les boulets de canon. Rien ne changeait.

Dans les rues de la capitale, de jeunes nobles fougueux s'affrontaient aussi en combats singuliers, pour un mouchoir trop vite ramassé ou une œillade mal interprétée. Luc s'amusa ainsi un temps à suivre les exploits d'un fringant mousquetaire du roi, Charles de Baaste, vicomte d'Artagnan, incomparable au maniement de l'épée. Sous Louis XIV, qui succéda à Louis XIII, les duels furent interdits. C'était déjà ça de gagné ! Mais sous le règne de Louis XV, et plus encore sous le bonhomme Louis XVI, la famine s'étendait dans les campagnes dévastées, pire que sous l'Anglais. Et seul un palais immense, construit à Versailles par le Roi-Soleil, illuminait ces sombres siècles d'un éclat inégalable. Un peu d'or sur la commune poussière...

Ailleurs dans le vaste monde, les brillantes civilisations du sud de l'Amérique avaient été laminées sous les coups des Espagnols et des Portugais. Tandis que le cahué, ou café, était venu d'Afrique, de ce continent arrivaient d'autres produits surprenants : un tubercule venu du Pérou, la pomme de terre, fort nourrissante et facile à cultiver, qui devait contribuer à faire reculer la famine ; la fève de cacao, qui donnait le chocolat ; le tabac enfin, plante à fumer dont l'usage se répandait comme une traînée de poudre, que l'apprenti essaya, qui le fit tousser, et qu'il rejeta aussitôt.

– C'est une sage décision, approuva 02. L'usage de cette plante, s'il se généralise, causera dans l'avenir des millions de morts à travers le monde...

Une prédiction ? Plutôt une déduction scientifique. La science... cela plaisait à Luc, qui devinait confusément que, si des bienfaits pouvaient être tirés des ombres du futur, ce serait à la science qu'on les devrait. Aussi s'était-il mis à étudier sans relâche. À commencer par l'astronomie.

Il venait d'un temps où la Terre était plate, le soleil une boule de feu dans le ciel et les étoiles une sorte de pollen lumineux flottant dans l'éther. À la suite de Copernic, Galileo Galilei et Newton, l'apprenti découvrit avec stupeur que la Terre n'était pas le centre de l'univers, mais une simple sphère de boue tournant autour du Soleil. Et les étoiles, d'autres soleils, innombrables. Le vertige des espaces infinis le saisit avec Pascal ; à l'instar du philosophe, il se remit à croire en Dieu. Certes pas le Dieu tout-puissant et terrible régnant à son époque, mais une divinité plus secrète, indicible, qui se trouvait au cœur de toute chose, et jusqu'aux horizons les plus lointains.

Pour s'en approcher, il s'isolait des nuits entières au sommet d'une des tours, où les machines avaient installé un télescope immensément plus perfectionné que les lunettes d'approche en usage en ce milieu du XVIIIe siècle. Là, l'œil rivé à l'oculaire, il découvrit la surface farineuse de la Lune, les rouges déserts de Mars, la splendeur incroyable des anneaux de Saturne, et mille autres splendeurs encore.

Un soir, il s'ouvrit à 02 de la question qui le taraudait :

– Est-il possible qu'il y ait d'autres créatures pensantes dans ce fourmillement de mondes ?

– Il y a plus de mystères dans le ciel que dans ta philosophie, ronronna la machine. Mais pour être franc – et comment une simple machine comme moi pourrait-elle ignorer la franchise ? – je dois t'avouer que je n'en sais rien.

Comme à chaque fois que Luc ne récoltait qu'une réponse insatisfaisante, il fit sonner son poing sur la calotte de cuivre du robot. Sa passion des espaces reflua, il se recentra sur l'Histoire.

Le roulement lugubre des tambours couvrit le heurt du fer triangulaire contre la butée de chêne qui avait déjà beaucoup servi. La tête fit dans l'air un bond de balle en chiffon bottée par un enfant, avant d'atterrir dans le panier sans majesté particulière. De la foule massée place de la Révolution, une voix clairette et mal assurée lança les premières mesures de la « Carmagnole », une chanson à la mode.

Dansons la Carmagnole,
Vive le son, vive le son...
Dansons la Carmagnole
Vive le son du canon !

Pas très pacifique, évidemment. En ce matin du 21 janvier 1793, il faisait gris et froid sur Paris, les pavés étaient givrés, les énergies aussi. Dans son panier, la tête de celui que l'on n'appelait plus que le citoyen Capet avait cessé de saigner, mais elle fumait encore.

– Reviens en arrière et repasse la décapitation au ralenti, murmura Luc.

Docile, l'écran obéit. Mais Luc fut déçu. Atterrissant dans la corbeille, la tête du pauvre Louis XVI n'avait pas cligné des yeux ni accompagné la mort du roi d'une quelconque mimique de désapprobation. Encore un mythe qui s'effaçait. Car il avait lu dans des manuscrits de savants de l'époque que le cerveau survivait plusieurs secondes, voire plusieurs minutes à la décollation. Balivernes, apparemment !

D'autres têtes encore devaient tomber sous la machine de monsieur Guillotin, grains de poussière avant-coureurs des massacres qui se préparaient. Mais que valent les grains de poussière ? La République française, nouvellement née, était porteuse de grands espoirs de liberté, d'égalité, de fraternité. Elle n'avait réussi qu'à dresser contre elle l'Europe entière... Et Napoléon Buonaparte, son rêveur mégalomane, n'eut plus qu'à finir ses jours sur une île lointaine. Mais les idées démocratiques que l'empereur, après les avoir édictées, avait allégrement foulées aux pieds, n'étaient pas perdues pour tout le monde. À l'Occident, les jeunes et fiers États-Unis d'Amérique comptaient bien les faire fructifier tout en montant en puissance, non sans asseoir leur suprématie sur les cadavres des premiers habitants du continent, dédaigneusement appelés les Peaux-Rouges.

Sans doute ne fait-on pas d'omelette sans casser des œufs. Le problème était qu'on faisait beaucoup trop d'omelettes.

L'étudiant du Moyen Âge qui, en son temps, admirait les hauts faits d'armes et pour qui la vie n'était qu'un bien éphémère assistait à l'avancée de l'Histoire d'un œil de plus en plus sceptique et désolé. Ne pourrait-il décidément rien faire pour rendre plus aimable la marche du temps ?

Certes, il était interdit d'intervenir sur les problèmes des hommes. C'était en tout cas ce que lui avait seriné le chaudron. Mais s'agissait-il vraiment d'une loi gravée dans le marbre ?

Une troisième fois, Luc décida d'aller consulter l'esprit du maître. Qui ne rendit, d'une voix tremblotante, à peine perceptible, que ce verdict désabusé : « L'Histoire n'est que le songe d'un fou raconté par un idiot. »

Une phrase qui n'était même pas de lui, mais d'un dramaturge mort deux siècles plus tôt nommé Shakespeare.

Mieux valait revenir à la science, et particulièrement à la seule discipline pouvant améliorer le sort des hommes : la médecine.

Tout compte fait, c'était ce que l'étudiant du XVe siècle avait choisi d'étudier.

4

16 juin 1819.

– Ça y est ! On l'a... Encore un effort, et on va pouvoir le sortir...

Au son mat de la pelle dans la terre succéda un bruit sec : le tranchant de l'outil avait atteint le bois du cercueil. Le rayon d'une lampe-torche qui n'usait pas d'une mèche ni d'huile fureta entre les mottes, glissa sur une surface plane, du bois de pin bruni par le séjour dans le sol détrempé par les pluies récentes. Celui qui creusait redoubla d'efforts, les chocs répétés de la pelle se mirent à sonner dans la nuit d'encre à la façon d'un glas au bourdon grippé.

– Mets une sourdine ! On va nous entendre jusqu'au Palais royal !

Le faisceau lumineux remonta le long d'une jambe argentée, joua sur un thorax de métal, s'arrêta sur une face en forme de heaume, où palpitaient trois yeux ronds. Ce n'était pas un homme qui maniait la pelle, mais un robot dont la vue aurait sans doute fort surpris un citoyen du XIXe siècle. Ce robot était 01.

– N'aie crainte, Luc, c'est presque terminé. Si tu veux bien descendre à mon niveau et m'aider à dégager cette boîte par l'avant...

Maugréant entre ses dents, plus à cause de la façon dont son domestique mécanique venait de lui donner un ordre détourné que du désagrément de devoir s'embourber, Luc Moreau sauta à son tour dans la fosse, encercla de ses bras la base du cercueil, affermit sa prise, tira. À l'autre extrémité de la caisse, 01 fit avec une facilité dérisoire ce que l'homme peinait tant à accomplir. Le cercueil, soulevé à angle droit, échappa des mains de Luc, retomba dans le bourbier ; le couvercle, simplement attaché par une ficelle, se déboîta. Le corps bascula pour s'incruster face dans la boue, accompagné du craquement inquiétant d'un os fragile heurtant la pierre. Il y demeura un instant, jambes en équerre et bras en croix. Une bouffée de pourriture monta. Luc se détourna, plaqua une main sur sa bouche. Il avait bien cru qu'il allait vomir.

– Laisse-moi faire, fit 01 avec un soupir parfaitement imité.

Il se pencha, saisit le corps par la taille, le jeta, cassé en deux, en travers de ses épaules. Le robot n'avait pas vacillé, pourtant la dépouille était celle d'un véritable géant. Son nom était Benoît Becker, ancien grenadier, démobilisé et devenu demi-solde après les catastrophiques guerres de l'empereur Napoléon. L'homme, qui vivait d'expédients en marge du bourg, avait trouvé la mort au cours d'une rixe, atteint d'un coup de baïonnette en plein cœur. Ses larges mains pendaient jusqu'au sol tandis que 01 escaladait la tranchée. Quelque part dans la nuit, un chien se mit à hurler à la mort.

– Dépêchons ! souffla Luc.

Le bas de sa combinaison noire était lourde de boue. Et cette boue charriait une puanteur tenace. Il suivit le robot portant la dépouille jusqu'à la forêt inchangée. Là, un petit engin monté sur des roues attendait, qui démarra tout seul. La clairière aussi restait inchangée. Mais pas la maison, qui avait désormais l'apparence d'une demeure cossue, bourgeoise, à peine discernable derrière les arbres d'un parc touffu, défendu par un haut mur. Le portail de cette propriété isolée ne grinça pas lorsque l'équipage mécanique et les voleurs de cadavre en franchirent les battants.

– Regardez ! Mais regardez ! Il bouge !

Dans la lumière crue du scialytique, le corps étendu sur la table d'opération venait de frémir. Les paupières closes avaient cillé, une veine battait sur le cou, les doigts de la main droite, ces doigts noueux aux ongles noirs, s'étaient soulevés brièvement de la plaque de métal avant d'y retomber avec lourdeur.

– Augmente le voltage, 01.

Des étincelles vagabondes crachées par des becs de héron émergeant de spirales de verre crépitèrent dans la salle. L'odeur vague de l'ozone monta. Le corps étalé se contracta, se cabra dans ses lanières comme un homme endormi mordu par une vipère. Cinq fois, dix fois, les muscles tétanisés se crispèrent sous la puissance des décharges électriques. Cinq fois, dix fois, le géant nu retomba, refusant de donner davantage de preuves d'une vie réticente à renaître.

L'expression pensive, Luc fit un signe désabusé. Sur la table, l'homme cessa de tressauter pour retomber dans son immobilité, lié aux mécanismes murmurant par les tuyaux qui sortaient en grappes de son ventre et la gerbe de câbles reliés à sa nuque. 02 grommela d'un ton chagrin :

– Je t'avais bien prévenu, Luc. Il est hors de notre pouvoir de...

– Tais-toi ! Tu n'as aucun mot à dire en ce qui concerne cette expérience. Tu dois te borner à m'écouter, et à m'aider. Un homme, chaudron, ce n'est rien d'autre qu'une machine. Un peu plus compliquée que toi, sans doute, mais une machine quand même, que nous devrions être capables de remettre en route une fois qu'elle s'est arrêtée. Et c'est ce que je vais faire avec... celle-là !

Le poing de Luc frappa la table métallique près de la tempe du mort. 02 et 01 n'avaient plus qu'à se tenir cois et à obéir. Ils étaient faits pour ça.

En ce début d'un XIXe siècle qui avait vu se produire les bouleversements scientifiques et technologiques les plus fantastiques que l'humanité ait connus, Luc Moreau n'était plus l'étudiant efflanqué et apeuré qui avait par une certaine aube frappé à la porte de la maison du temps. Il s'était alourdi, mentalement comme physiquement. Son ignorance s'était dissipée pour se muer en fardeau de connaissances qui, après avoir été source d'exaltation, devenaient un creuset de doute.

L'apprenti avait pris des kilos et des muscles. Il se maintenait en bonne forme, s'adonnant chaque matin à de nombreux exercices dans la salle de gymnastique que les robots avaient aménagée pour lui ; il se livrait même à des joutes d'escrime avec 01 qui, s'il ne valait pas d'Artagnan, se montrait tout de même habile bretteur. Ses cheveux, qu'il portait toujours longs sur les épaules, étaient restés d'un noir de jais. Mais son visage, quand il le scrutait de près dans un miroir grossissant, montrait d'infimes pattes d'oie autour des yeux et la naissance de ridules sur son front et au coin de sa bouche.

Il vieillissait. Selon le calcul orthodoxe, Luc était âgé de quatre siècles ; mais son âge véritable dépendait du temps qu'il passait à l'état de veille, hors du caveau glacé où il s'engourdissait périodiquement. À ce titre, Luc habitait un corps de trente-sept ans. Ce n'était pas considérable, même si, à l'époque de sa naissance, atteindre cet âge était déjà peu probable. Était-il pour autant condamné à vieillir et à mourir dans la maison – à l'image terrible du maître ? Cette idée ne le réjouissait pas. Aussi l'ancien étudiant en médecine avait-il décidé de lutter. Contre le temps, contre la mort, avec l'aide des écrits de tous ceux qui s'étaient attelés à cette tâche : Paracelse, Réaumur, Jenner...

Pour ce genre de recherches, il ne pouvait compter que sur le corps humain, réitérant ainsi les blasphèmes qui, en d'autres temps, en avaient conduit plus d'un au bûcher. Son lieu d'approvisionnement nocturne fut donc le cimetière du bourg de Clamarcy, où il allait récupérer des cadavres frais et en bon état. Becker était le septième...

– Lève-toi... Doucement ! Voilà ! Avance vers moi, maintenant. Oui ! Bien.

La créature oscillait sur ses jambes démesurées. Bras tendus, elle progressait comme un aveugle cherchant son chemin. Pourtant, elle voyait. Sous les arcades bosselées, ses petits yeux sans couleur, aussi fixes que des billes de verre, brillaient avec autant d'intensité que s'ils avaient été éclairés de l'intérieur. Ce qui était d'ailleurs le cas.

– Allons, viens vers moi... là... là !

La créature tituba, un de ses bras accrocha une fragile cornue, qui se brisa au sol dans un claquement sec. Encore deux pas, et elle vint bousculer le chercheur, qui chancela sous le choc, avant que son dos ne heurte une armoire métallique. Vu de si près, l'être avait un aspect véritablement effrayant, avec sa peau livide, son crâne nu couturé de cicatrices opératoires, ses lèvres violettes obstinément closes, et la minerve de cuivre qui bloquait son cou à la naissance du buste, là où la tête avait été séparée du tronc, puis recousue une fois que la moelle épinière dégradée eut été remplacée par un fin réseau de fils de cuivre.

Celui qui s'était appelé Benoît Becker était... né, ou plus exactement avait été ressuscité le matin même, après maints tâtonnements. Depuis, Luc ne le lâchait pas, tentant de le dresser comme il l'aurait fait d'un animal, un énorme chien rétif et muet. Mais le dressage laissait à désirer... Les bras, doués d'une force peu commune, vinrent se refermer sur ses épaules avec une volonté brutale. Luc commença à se débattre. Becker – ou ce que l'apprenti avait fait de l'homme qui s'était autrefois appelé ainsi – n'était pas seulement hideux, il puait l'humus détrempé du cimetière, la pourriture organique, le cadavre. D'ailleurs, qu'était-il d'autre qu'un cadavre rafistolé de bric et de broc et lardé d'accumulateurs électriques ?

– Lâche-moi ! hurla Luc. Je te l'ordonne ! Recule !

Mais l'autre n'obéissait pas. Sans doute ne comprenait-il pas. Le problème était son cerveau, endommagé par des éclats de boîte crânienne lorsque le corps était tombé du cercueil. Et le cerveau, ce mécanisme infiniment complexe et délicat, Luc avait été incapable de le réparer...

– Lâche... moi. 01... au secours !

L'appel sorti de sa gorge n'était guère plus qu'un râle étranglé. Les mains terreuses, abandonnant ses épaules, s'étaient refermées sur son cou. Pour la première fois, l'apprenti sorcier éprouva une peur véritable. Le monstre qu'il avait créé allait le tuer. Il étouffait, le poids de la créature pesait sur lui, le courbant vers le sol. Ses pieds ripèrent sur la dalle. Il rua. L'étreinte de Becker mollit un court instant. Luc se contorsionna, sa main droite se referma sur un cylindre de caoutchouc, un gros câble gorgé de courant. Il tira, l'arracha de son boîtier. Un feu d'artifice fusa. Il appliqua l'extrémité dénudée du câble sous l'oreille du monstre, juste au-dessus de la collerette de cuivre. Une odeur de chair brûlée envahit la pièce.

Et, pour la première fois, le monstre hurla.

Cette bouche cadavérique, qui n'avait jamais laissé échapper un son, s'ouvrit sur un long mugissement de souffrance. Chez tout autre, il aurait pu être pathétique. Le monstre se cabra, battit des bras, roula sur le côté. Luc tomba avec lui. Il aurait dû retirer le câble, enfoncé dans le trou fumant ouvert dans la chair grise. Mais il tint bon. Il voulait se venger de la panique qui l'avait envahi, il voulait tuer celui qui avait failli le tuer. Et, sous l'impact des millions d'électronvolts se précipitant dans sa chair, le corps agité de soubresauts finit par s'immobiliser. Ce n'est qu'à cet instant qu'une voix onctueuse parvint aux oreilles de Luc.

– Tu devrais lâcher ce câble. C'est dangereux ! Je crois au demeurant que la pauvre créature sur qui tu t'acharnes a depuis longtemps cessé de vivre. À supposer qu'on puisse affirmer qu'elle a vécu...

Luc secoua la tête, se massa le cou. Becker était étendu à ses pieds, mannequin inerte et inachevé. Une mince fumée bleue sortait de sa bouche grande ouverte, ses yeux étaient redevenus deux billes laiteuses. De l'autre côté du corps, les deux robots se dandinaient.

– C'est maintenant que vous arrivez ? grogna l'apprenti. J'aurais pu me faire tuer cent fois !

– Voyons, Luc ! ronronna 02, tu sais bien que ton laboratoire est sous constante surveillance. Mais, comme tu nous avais recommandé de n'intervenir sous aucun prétexte dans tes recherches, nous avons dû faire face à un léger conflit d'intérêts.

– Ça va, ça va ! Eh bien, je vous rassure, ça ne se reproduira pas. Mes recherches, notez-le bien, viennent de s'interrompre. Pour l'instant.

– C'est une sage décision, chuchota 01. Tu te rappelles sans doute ce qui est arrivé au docteur Victor Frankenstein ?

– Qui ça ?

– Une créature de roman, rien de plus, reprit 02. On en a beaucoup parlé, l'année dernière. Un de nos yeux a même filmé l'auteur, une jeune femme du nom de Mary Shelley. Ça doit être classé quelque part.

Mais Luc n'écoutait déjà plus.

5

Luc volait au-dessus de Paris.

Dans le crépuscule montant, il venait de faire plusieurs fois le tour de cet étrange édifice métallique qui surplombait la capitale, sauterelle de métal de trois cents mètres édifiée par l'ingénieur Eiffel en 1889. Il plongea, suivit le boulevard Haussmann, du nom d'un préfet qui, sacrifiant les vieilles ruelles tant de fois arpentées cinq siècles plus tôt par l'étudiant, avait ouvert de gigantesques tranchées rectilignes dans la capitale. Les boulevards étaient envahis par des fiacres. Des lampadaires étincelants pointillaient les beaux quartiers, alimentés par cette énergie si riche de promesses que lui-même avait expérimentée bien avant qu'elle ne fût en usage à l'extérieur : l'électricité.

Il s'amusa à survoler longuement l'Opéra, dû à l'architecte Garnier, autour duquel, à l'occasion d'une première, le Tout-Paris se pressait. Un vent léger sifflait dans ses oreilles ; rien de ce qu'il voulait observer ne pouvait lui échapper : un homme en chapeau melon se penchant pour bourrer sa pipe à la lueur d'un réverbère, une élégante soulevant juste ce qu'il fallait une brassée de jupons pour descendre d'une voiture, un gamin blotti sous un porche, la figure maculée de charbon, écarquillant les yeux devant toutes ces richesses.

Paris était magnifique, pas de doute. D'ailleurs ne l'appelait-on pas la « Ville lumière » ? Elle avait tant changé que Luc ne se rassasiait pas de l'explorer d'en haut. Mais qu'est-ce qui n'avait pas changé ? L'âge du fer, l'âge industrieux des machines à vapeur, de la houille, et maintenant du courant électrique, avait établi sa domination sur le vieux continent, que sillonnaient des chemins de fer, où des usines grondantes crachaient nuit et jour leurs fumées, où de drôles de voitures pareilles à des scarabées commençaient à tenir la dragée haute aux véhicules à traction animale...

C'était cela, le progrès tant espéré, tant attendu ? Peut-être, peut-être... Il avait tellement à voir, en tout cas !

Luc ne se limitait pas à Paris. D'un coup d'aile, il pouvait tout aussi bien survoler virtuellement Londres et son brouillard de poix, Berlin et ses fêtes excentriques, ou les perspectives grandioses et glacées de Moscou. Et il ne s'en privait pas. Pas plus qu'il ne se retenait de parcourir le Nouveau Monde, particulièrement ces États-Unis où, trente ans plus tôt, une guerre longue et terrible avait opposé des soldats vêtus de gris à d'autres soldats, vêtus de bleu. Ni l'Afrique ou l'Asie, qui subissaient à leur tour l'afflux d'immigrants venus d'Europe, et où ceux qu'on appelait les « nègres » ou les « jaunes » devaient courber l'échine sous la loi du plus fort. Face à cette Histoire dont la marche s'accélérait sans cesse, il apprit des mots nouveaux – capitalisme, colonialisme –, qui ne recouvraient certes pas une situation différente de celle qu'il avait connue à son époque, mais s'appliquaient désormais à la Terre entière, cette magnifique boule de boue dont il avait appris à connaître les limites dérisoires.

Tout changeait, même le langage. Lorsqu'il était arrivé dans la maison, par cette froide nuit d'hiver de 1439, Luc parlait une langue fleurie, à laquelle se mêlaient des restes de latin abâtardi. Pour le vieux maître, comme pour les robots ou les serviteurs, cela n'avait pas semblé poser de problème, puisqu'ils lui avaient répondu dans le même idiome. Cependant, à chacun de ses réveils, surtout si son sommeil s'était prolongé pendant des décennies, Luc s'apercevait qu'imperceptiblement l'accent se modifiait, des expressions tombaient dans l'oubli tandis que des mots nouveaux faisaient leur apparition. Tant bien que mal, il s'adaptait en écoutant les enregistrements sonores. Et, quand il en avait le temps, il se faisait donner des leçons par le chaudron, dont la manière de parler répondait mieux que la sienne aux usages de l'extérieur.

Lové dans son fauteuil d'observation, le jeune homme se pressa un moment les globes oculaires. Dans un quartier mal famé des Fortifs, deux voyous s'acharnaient à coups de gourdins sur une pauvre fille qui ressemblait à Catherine. Et il n'y pouvait rien.

– On rentre..., murmura-t-il simplement.

Le décor des faubourgs s'effaça, la gigantesque demi-sphère de métal mat se recomposa autour de lui. Ce nouveau poste d'observation était nommé la géode. Les machines l'avaient conçue et fabriquée durant son dernier sommeil. Elle remplaçait désormais les écrans, offrant à l'observateur une vision à 360 degrés.

Luc secoua la tête. « Comme chaque fois, tu t'y es laissé prendre, pas vrai ? » Car il ne volait pas réellement, bien sûr. Il ne quittait toujours pas la maison. Mais les yeux étaient maintenant si perfectionnés – plus des chauves-souris, non, mais des œufs de métal infiniment rapides qui pouvaient se faufiler partout. Des insectes invisibles qui donnaient à Luc l'impression de pouvoir lire un journal par-dessus l'épaule d'un quidam ou de regarder à travers un vasistas une soubrette lacer son corset.

À nouveau, il passait le plus clair de son temps à observer le monde. Quand il ne plongeait pas dans le sommeil froid, naturellement – car cela restait le seul moyen de ralentir la pression du temps, obsession qui ne cessait jamais de le tarauder.

En août 1914, il ordonna à 02 :

– Prépare-moi le sarcophage cryogénique. Je suis fatigué. Je vais me reposer un peu. Et si j'en prenais pour cinquante ans ?

– Je ne te le conseille pas, répondit le robot. Nous allons rester stabilisés plusieurs années. Une grande guerre approche.

– Encore ? lâcha Luc Moreau.

Ce fut son seul commentaire.

Agenouillé sur le rebord de la tranchée, le capitaine Renaud d'Argenlieu, les yeux à quelques centimètres de sa montre-bracelet, comptait les secondes à mi-voix : « Sept... six... cinq... » Il était transi ; sur la brosse précocement grise de sa moustache coulaient deux épais filets de morve, dont il n'avait pas conscience. « Quatre... trois... deux... » Il avait plu toute la nuit, une pluie mêlée de neige, qui avait transformé la plaine devant Douaumont en une tourbière glacée, et les tranchées en d'infects trous à rats où même les rats crevaient, noyés et gelés.

« Un... zéro... », souffla l'officier pour lui-même.

Puis il gonfla ses poumons, se déplia, sortit son revolver d'ordonnance de l'étui. Son uniforme bleu horizon était si maculé de boue que d'Argenlieu aurait pu passer pour une gargouille de bronze brusquement animée. Le cri, retenu deux ou trois secondes supplémentaires au fond de ses bronches douloureuses, jaillit enfin :

– En avaaaaaant !

De la tranchée qui zigzaguait devant les fortifications cent fois bombardées émergèrent d'autres gargouilles, par centaines, par milliers. Baïonnettes à l'horizontale, hurlant eux aussi pour se donner du courage, les poilus se mirent à patauger dans la terre collante qui alourdissait leurs godillots un peu plus à chaque enjambée. Précédant ses troupes de quelques pas, le capitaine courait avec la même hâte en trébuchant dans l'aube jaune citron qui commençait à pointer vers l'est, derrière les tranchées où le Boche était tapi. On était le 18 mars 1916 ; la guerre durait depuis un an et demi déjà. Dans l'esprit de tous ceux qui couraient, une seule pensée battait follement des ailes : *« Quand les mitrailleuses ouvriront-elles le feu ? »*

Pourtant ce ne fut pas le crépitement attendu qui se déclencha, mais un roulement sourd, celui des canons allemands de 88, qui tiraient depuis la lisière de la forêt. Le premier obus explosa avec un curieux bruit mou à une centaine de pas des lignes montantes. D'autres suivirent, délivrant une épaisse fumée jaune verdâtre qui fusa des cratères avec un chuintement bizarre. Le vent ne tarda pas à rabattre la vapeur soufrée vers l'assaut. Un homme se mit à tousser, puis dix autres.

– En avant ! En avant ! ne cessait de crier le capitaine.

Mais déjà sa gorge était en feu, ses yeux larmoyaient ; il sentit ses jambes ployer, tomba. Derrière lui s'élevait une houle de voix oppressées par l'épouvante :

– Les gaz... les gaz !

Un simple épisode de la bataille de Verdun, qui devait durer six mois, et qui se solda par sept cent mille morts et blessés graves dans les deux camps... Luc assista à ses péripéties principales en pensant aux charges de cavalerie de jadis contre l'Anglais. Crécy, Azincourt, les traits qui perçaient les cuirasses, les chevaux éventrés... Tout changeait, rien ne changeait. La Grande Guerre, qui serait assurément la dernière, fit au total neuf millions de morts et vingt millions de blessés. Et puis la paix vint, qui repoussait cette hécatombe entre les pages des livres d'Histoire.

La maison, entre 1918 et 1939, ne fit que de rares sauts en avant : il se passait tellement de choses dans un monde courant de plus en plus vite qu'elle ne pouvait plus se permettre d'ignorer des pans entiers de l'Histoire. Au moins, une longue période de paix semblait s'être établie. Paradoxalement, la Grande Guerre avait permis un essor considérable dans les domaines du confort, de la médecine, des transports, où une nouvelle invention, l'avion, paraissait promise aux plus sidérants exploits.

Pourtant, tout n'était pas rose non plus. Les mains de fer du communisme se refermaient sur la Russie, les talons d'acier du nazisme et du fascisme commençaient à écraser l'Allemagne et l'Italie. La maison, elle, demeurait ignorée au creux de son vallon. Aucune route, aucune voie de chemin de fer ne traversait la combe et, quand il arrivait qu'un garde forestier, un fonctionnaire du cadastre, un gendarme, voire un promeneur égaré, vînt actionner le carillon du portail, ils étaient chaque fois reçus avec la plus grande amabilité par un charmant jeune homme ou une tout aussi charmante jeune fille. Jean et Jeanne, qui, à ces occasions, reprenaient du service, savaient s'y prendre pour éconduire au plus vite les intrus.

19 août 1939. 01 prit l'initiative de sortir Luc du sommeil de glace où il avait été plongé en 1929 et le prévint d'emblée qu'il fallait s'attendre au déclenchement d'un nouveau conflit, plus destructeur que tous ceux qui l'avaient précédé. En s'ébrouant, l'apprenti cracha de nouveau la question tant de fois posée :

– Comment diable le sais-tu ?

Pour toute réponse, le robot conduisit Luc à la géode et lui fit projeter un résumé des horreurs qui s'étaient succédé au cours de ses dix années d'absence. Ainsi put-il voir le Japon envahir la Chine en passant des bébés au fil de la baïonnette, l'Italie poser sa botte sur l'Éthiopie, un pays africain de vieille tradition.

Ensuite vint l'actualité. L'Allemagne écrasa sous les bombes la Pologne avant d'envahir la Belgique, la France et de commencer à regarder l'Angleterre avec des yeux de loup.

Luc n'eut plus alors qu'à contempler, partagé entre fascination et horreur, les gigantesques cuirassés aux canons longs comme des cheminées d'usine hanter les mers et torpiller leurs ennemis, les bombardiers aériens ensevelir les villes et leurs habitants sous le mortier brûlant des décombres, des armées fortes de centaines de milliers d'hommes s'affronter dans des déserts torrides et des steppes glacées. Depuis Londres, un jeune général français l'avait bien annoncé : « Cette guerre est une guerre mondiale. » Pour sûr, elle l'était.

« Quelqu'un vient... »

La voix de la maison fit sursauter Luc. Il commençait à s'assoupir à l'ombre d'un chêne vénérable. Il s'était levé tard après être demeuré longtemps le soir dans la géode à suivre le monotone défilement de l'horreur – Pearl Harbor, Stalingrad, Londres sous les bombes... Et il était allé marcher à travers le parc, sous les frondaisons noires des arbres centenaires qui luttaient de toutes leurs feuilles contre la chaleur étouffante du bel été 1942. Les insectes stridulaient, des pies et des merles voletaient d'un tronc à l'autre, un rapace solitaire planait dans le ciel incandescent. Que la guerre était loin, dans ce lieu... hors du temps – c'était bien le cas de le dire ! Ici, dans cette paix miraculeuse, la fatigue avait eu raison de lui. Et voilà que la voix, qui pouvait surgir partout, où qu'il se trouvât, venait troubler sa rêverie. Il grogna :

– Comment ça, quelqu'un ? Où ? Tu n'as qu'à t'en occuper...

– Je préfère que tu rentres, Luc. Tu sais bien qu'il est préférable pour toi de ne pas te montrer.

Il grogna encore mais obéit. La maison referma sur lui sa carapace inaltérable. Il monta droit à la géode.

– Alors, où est-il, ce quelqu'un ? Montre-moi la binette de cet emmerdeur.

Il ne savait jamais au juste à qui il parlait quand aucun de ses interlocuteurs habituels ne se trouvait près de lui. Mais l'essentiel était qu'il fût écouté. Sur une portion de la demi-sphère, une lucarne s'éclaira. Pour Luc, ce fut comme s'il s'était trouvé debout dans l'herbe en haut de la combe, à une vingtaine de pas des premiers arbres de la lisière. Une silhouette s'y encadrait avec netteté. Un emmerdeur, avait-il dit ? Une emmerdeuse, alors. Car il s'agissait d'une femme, vêtue de noir ou de gris sombre, un châle drapé autour de la tête, un manteau informe jeté sur les épaules. Par cette chaleur ? La femme hésitait et, à cause du châle, à cause du semis pointilliste d'ombre et de lumière que le feuillage traversé de soleil faisait tomber sur elle, Luc était incapable de voir ses traits.

– Approche, murmura-t-il.

Un bond immobile – un zoom avant – le propulsa à deux mètres de l'intruse. Cette fois, il voyait son visage. Plus jeune qu'il aurait cru à cause de la silhouette tassée. Moins de trente ans, peut-être pas plus de vingt. Une jeune fille, alors. À un mouvement que fit l'étrangère pour s'arracher au tronc auquel elle s'appuyait, son châle glissa. Elle ne fit rien pour le remettre en place. Son expression était celle d'une femme effrayée, épuisée... traquée ? Il était possible que ce fût une fuyarde, comme toutes les guerres depuis le commencement des temps en jettent sur les chemins. Luc ne pouvait rien pour elle. Il aurait dû s'en désintéresser, refermer la fenêtre. Il ne le fit pas.

– Approche ! répéta-t-il.

Le visage emplit la lucarne en un gros plan de trois mètres. La femme s'était avancée de quelques pas. Ses yeux clignaient dans l'intense lumière, son front ruisselait de sueur. Malgré ses vêtements fatigués, malgré la tension douloureuse de ses traits, elle était belle : une peau mate, des cheveux très noirs tirés en arrière et noués en chignon, des sourcils fournis, des pommettes bien dessinées, une bouche large, un menton volontaire fendu par une fossette enfantine.

Luc l'observa longuement, sans plus savoir que faire. Depuis l'épisode de Catherine, il ne s'était guère préoccupé des femmes. Catherine ? Il se rendit compte brusquement que, d'une certaine façon, la visiteuse égarée lui ressemblait. Oui, avec cette peur à fleur de peau inscrite sur ses traits, elle ressemblait à la Catherine attachée à son poteau de mort. Dans la lucarne, les paupières se fermèrent aux trois quarts sur une mince fente au travers de laquelle luisaient les prunelles. Luc eut l'impression que la fuyarde le regardait droit dans les yeux. En réalité, elle avait dû apercevoir seulement à cet instant le toit de la maison pointant au-dessus des arbres du parc.

La femme se mit à marcher, précédée par l'œil invisible qui la cadrait de nouveau en un plan général. Le pan du manteau élimé s'écarta. Sur le chemisier noir, un morceau de tissu cousu jeta une lumière fugitive. Une étoile jaune. Avec des lettres noires en son centre : *JUIF.*

Quelques pattes glacées fourmillèrent entre les omoplates de Luc. Pétri d'actualités terribles, il connaissait fort bien la signification de cette étoile jaune sur la poitrine de l'inconnue. Les juifs, partout en Europe, avaient été désignés hors la loi, dépouillés de leurs biens, traqués, emprisonnés, envoyés on ne savait où par les nazis qui s'étaient rendus maîtres d'une bonne partie du monde.

Entre ses incisives, un morceau d'ongle de son pouce cassa net.

– Tu m'entends, maison ? murmura-t-il. Je vais descendre. Tu vas ouvrir les portes. Je vais aller chercher cette femme et la faire entrer.

Il n'eut pas le temps de quitter la géode que les deux robots se trouvaient déjà dans ses jambes.

– Tu ne peux pas, Luc, firent-ils d'une même voix. C'est impossible. C'est interdit.

Luc prit sa respiration. Et il se lança :

– Je vais faire ce que j'ai dit. Vous savez pourquoi ? Parce que j'en ai décidé ainsi, tout simplement. Et vous n'avez rien à dire. Vous l'avez oublié une fois de plus ? Vous êtes des machines, conçues pour me servir et m'obéir.

D'un pas ferme, il contourna les robots. Derrière son dos, une voix rouillée lui répondit :

– Fais comme il te plaira, maître.

Ce ne fut qu'en franchissant la porte de la coupole que Luc Moreau prit conscience du dernier mot prononcé par 02.

« Maître ».

Troisième partie
LE MAÎTRE

1

La femme en noir hésitait devant le portail. Elle poussa un cri quand il s'ouvrit silencieusement, un autre quand elle vit l'homme s'encadrer dans l'ouverture. Elle fit volte-face, voulut courir, trébucha. Luc fut sur elle en quelques pas. Ses mains se refermèrent sur ses épaules. À travers le méchant tissu, il perçut le raidissement de la chair. Vivement, il souffla :

– N'ayez pas peur. Vous ne risquez rien. Vous allez venir avec moi. Dans ma maison, vous serez en sécurité.

Par la suite, il ne pourrait se souvenir s'il avait dit *ma* maison, plutôt que *la* maison. Mais quelle importance ? Mains et genoux à terre, la jeune femme tourna vers lui ce beau visage que, sans qu'elle pût s'en douter, il avait déjà observé de près. Les sourcils très noirs se rapprochèrent, creusant le front de deux vilaines rides verticales. Luc dut tendre ses muscles pour la forcer à se relever. L'odeur qui imprégnait les vêtements de la femme, sueur acide et crasse, lui remplit les narines. Il tenta un sourire, sûrement peu naturel, tant il en avait perdu l'habitude. Il se demanda un court instant si son accent était correct, bien que cela n'eût guère d'importance.

– Venez, vous ne risquez rien, répéta-t-il.

D'un mouvement délibérément agressif, la fugitive écarta son manteau sur l'étoile jaune cousue à son corsage. Ses yeux de charbon brûlaient :

– Et vous, vous savez ce que risquent ceux qui veulent aider les gens portant cette marque d'infamie ?

Sa voix était dure et froide, son corps noué. Luc pensa à une bête rétive et prête à mordre. Un animal épuisé et apeuré, qu'il fallait amadouer. Sa pression sur les épaules de la femme se relâcha, il se contenta de la pousser en avant du bout des doigts. Vaincue, elle fit un pas vers le portail...

Quand elle franchit la porte de la salle à manger, Luc se leva pour l'accueillir, non sans une certaine nervosité. La pièce, qu'il ne fréquentait guère, avait été recomposée dans un style campagnard-bourgeois à la mode 1930, avec de lourds meubles en bois vernis, un tapis persan, des vases Art nouveau sur la table et le buffet.

– Vous avez bien dormi ? demanda-t-il, conscient de la banalité de ces mots.

Il connaissait la réponse, bien sûr, puisque son invitée n'avait jamais cessé d'être sous la surveillance des yeux indiscrets de la maison. La veille, il avait confié la fugitive aux soins de Jeanne, rappelée des limbes électroniques où il l'abandonnait de plus en plus souvent en compagnie de son jumeau. Conduite dans une chambre très semblable à celle qui avait été allouée à Luc dès le premier soir, elle avait dormi un tour de cadran complet. Puis elle s'était baignée, dans une eau contenant un cocktail protéinique qui avait redonné à sa peau souplesse et coloration. Ainsi, elle ne paraissait guère plus de vingt ans. Et elle était belle, si belle que Luc en fut sidéré. Aussi ne sut-il quoi ajouter alors qu'elle s'avançait vers lui.

Ses cheveux, si sombres qu'ils en avaient des reflets bleutés, flottaient librement sur ses épaules. Elle avait passé un rouge foncé sur ses lèvres, s'était maquillé les cils et les paupières. Coquette, malgré le drame qu'elle avait dû vivre... Pourtant, alors qu'elle aurait pu piocher dans une penderie riche de dizaines de robes, elle avait tenu à garder le chemisier en crêpe de Chine noir poinçonné de son hideuse étoile et la longue jupe droite tombant aux chevilles avec lesquels elle était arrivée. Ou plutôt des habits neufs, taillés par la maison, et qui en étaient la copie exacte.

Luc lui serra la main avec un rien de cérémonie. Ses doigts étaient longs, fins, sa peau douce et fraîche. Elle sentait bon.

– Je vous remercie, dit-elle enfin d'un ton neutre. J'ai dormi comme un ange. Je ne me souviens même pas de mes cauchemars, c'est dire...

Elle sourit pour la première fois. Ses dents étaient très blanches mais irrégulières, avec des canines qui avançaient, carnivores, et deux incisives qui se chevauchaient. Luc lâcha la main qu'il avait gardée un peu trop longtemps dans la sienne et désigna une chaise :

– Asseyez-vous. Nous avons à parler, n'est-ce pas ? Alors, autant le faire devant un solide petit déjeuner.

Il vit les yeux, si noirs, se poser avec une incrédulité, puis une gourmandise impossibles à dissimuler, sur la table où trônaient une cafetière fumante, des toasts accompagnés de tranches de bacon grésillantes, une motte de beurre haute comme un ananas, des pots de confiture, des fruits, des galettes, des brioches. Elle soupira :

– Votre maison, c'est le château de la Belle au bois dormant. Ou la caverne d'Ali Baba. Mais je suis d'une impolitesse remarquable, vous ne croyez pas ? Je ne me suis même pas présentée. Je m'appelle...

La jeune femme s'humecta les lèvres. Luc la sentit hésiter avant de lâcher comme un fardeau :

– Je m'appelle Sarah Engels...

– Eh bien, bonjour, Sarah Engels. Moi, c'est Luc Moreau. Mais trêve de bavardages. Vous devez mourir de faim.

Sarah sursauta, sa main droite remonta machinalement vers son sein gauche, où elle recouvrit l'étoile. Puis elle s'assit, le dos raide.

– Vous savez, monsieur Moreau, mourir de faim ou d'autre chose...

Elle avait parlé si bas que c'est à peine si son hôte l'entendit. Gauchement, il prit place face à elle. Et il ne put rien ajouter, car Sarah s'était mise à manger, à dévorer comme une gamine privée de dessert pendant une semaine. C'est d'ailleurs ce qu'elle était : débarrassée de sa méfiance et de son agressivité, Sarah était redevenue la fillette qu'elle devait être il n'y avait encore pas si longtemps. Lorsqu'elle repoussa enfin bol et assiette, elle se tamponna les lèvres avec une serviette, puis posa une main sur son estomac. Elle souriait avec un abandon enfantin :

– Ouf ! Vous ne pouvez pas imaginer depuis combien de temps je n'avais pas... Mais je me conduis encore comme quelqu'un de bien mal élevé. Vous vouliez qu'on parle, et je m'empiffre. Alors... c'est chez vous, ici ?

– On peut le dire, oui. Il se trouve que j'ai hérité de cette vieille baraque sous condition que je... la maintienne en bon état.

Sarah s'était penchée en avant, le menton dans une paume. Au fond du regard si noir, un rien de méfiance se ralluma. Luc se rendit compte soudain de l'image bizarre qu'il devait offrir à cette fille du XXe siècle. Il avait gardé ses cheveux longs jusqu'aux épaules, ce qui n'était pas particulièrement d'époque. Et sa combinaison sombre, pleine de poches et de fermetures à glissière, semblable à celle que portait le Maître, de quelle époque était-elle ? D'aucune, c'était simplement un vêtement de la maison du temps, commode et sans souci d'esthétique. Il se racla la gorge, fit un geste anodin.

– Je ne crois pas qu'il soit très intéressant de parler de moi, Sarah. Je voudrais que vous me parliez de vous. À moins que vous ne préfériez vous taire, ce que je comprendrais parfaitement.

– Me taire ? Oh non ! Je vais parler, au contraire. Mais mon histoire n'a rien d'extraordinaire. Je ne suis... qu'un cas parmi des milliers. Vous voyez cette cochonnerie d'étoile ? Elle parle pour moi. Eh oui, je suis juive. C'est tout dire, non ? Même si les questions de religion ne m'ont jamais beaucoup préoccupée. Et le plus drôle, c'est que mes parents sont allemands. Même s'ils ont quitté le pays à la fin des années 20, avant que l'autre fou...

Sarah se tut un bref instant. Elle pensait à Hitler, bien sûr. Et à l'antisémitisme. Quand elle reprit son récit, les plis entre ses sourcils et autour de ses lèvres étaient plus durs que jamais.

– J'ai donc grandi à Paris. Dans le quartier du Sentier. Il y a beaucoup de juifs, là-bas. Je veux dire : il y en avait. Parce qu'il y a eu la guerre, la défaite, l'occupation. Et puis l'étoile, accompagnée d'un tas d'interdictions. Cinémas, restaurants... mais vous savez tout ça. Et il y a deux jours... trois, maintenant... Oh ! des bruits couraient. Mais on n'y croyait pas. Un juif ne veut jamais croire au pire. Et quand le pire arrive... Parce qu'il arrive toujours, n'est-ce pas ? Et ce jour-là, comme par hasard, Dieu est absent.

Sarah ferma les yeux quelques secondes. Sa main avait abandonné sa poitrine pour masser un point particulier de son front, où venait peut-être de naître une douleur secrète.

– Où en étais-je ? Oui, il y a trois jours. Le 16 juillet à l'aube. Ils sont venus à quatre heures et demie du matin. Ils ont embarqué tous les juifs. Vingt mille, il paraît. Tous ont été enfermés dans le Vélodrome d'Hiver. J'ai dit « ils » ? Ne croyez pas que je parle des nazis, monsieur Moreau. Je parle de policiers français, de braves policiers bien de chez nous. Ils ont emmené Anne, ma jeune sœur. Et ma mère. Mon père, lui, est mort en 1939. Maintenant, j'ai tendance à croire que c'est heureux...

– Mais... vous ? souffla Luc.

– Moi ? Voyons, monsieur Moreau, j'ai pu m'échapper, puisque je suis là. Grâce à... un jeune homme. Un ami, prévenu par une filière de la Résistance. Cet ami a réussi à me convaincre de me sauver par les toits, en pleine nuit. Nous sommes restés vingt-quatre heures dans une mansarde oubliée, pendant que ma sœur et ma mère, qui avaient refusé de nous suivre, ont été emmenées, comme tout le monde. Et puis nous avons filé chacun de notre côté. Je ne sais pas ce que Frank est devenu. Moi, j'ai pu sortir de la ville. Et j'ai marché, marché sans m'arrêter jusqu'à... jusqu'à ce que vous veniez à ma rencontre. Vous voyez, je vous avais prévenu : elle est bien banale, mon histoire, monsieur Moreau.

– Et si vous cessiez de m'appeler « monsieur Moreau », Sarah ? Luc suffit. Quant à votre histoire, c'est vrai qu'elle est banale. Le pire est que cette banalité ne date pas d'hier. Au Moyen Âge aussi, les juifs étaient persécutés, enfermés dans des ghettos.

De manière inattendue, Sarah frappa la table de ses deux poings, si serrés que ses phalanges en étaient blanches.

– Le Moyen Âge ? Mais qu'est-ce que j'en ai à fiche, moi, du Moyen Âge ? C'est aujourd'hui que je vis ! C'est aujourd'hui que ma mère et ma sœur sont enfermées au Vel' d'Hiv' en attendant d'être conduites je ne sais où ! Qui êtes-vous donc, à la fin ? Un de ces Français qui font le dos rond en attendant que ça se passe ? Ou pire encore ? Un collabo ? Un ami des nazis ? En cette période de disette, vous avez une table sacrément bien garnie...

La jeune femme s'interrompit, se plaqua les paumes sur les yeux. Ses épaules s'agitaient. Elle pleurait silencieusement. Luc se leva, contourna la table, prit dans ses mains les épaules frémissantes.

– Sarah, écoutez-moi. Je n'approuve en aucune façon ce qui se passe. Mais il est vrai aussi que j'ai une vie très solitaire et que je ne suis pas engagé dans les affaires du monde. Je ne suis qu'un observateur. Un historien. Je vous en dirai plus quand le moment sera venu. Pour l'instant, je le répète une fois encore, vous êtes ici en sécurité.

Cette maison est la vôtre. Vous y demeurerez le temps que vous voudrez.

Sarah finit par relever la tête. Elle renifla ; deux traces humides s'arrondissaient en parenthèses sur ses joues. Elle eut une ombre de sourire, sa main se posa brièvement sur les doigts de Luc. Elle murmura :

– Excusez-moi. Je ne sais pas ce qui m'a pris. Vous êtes un homme bon. Je l'ai tout de suite deviné. Mais je ne cesse de penser à ma sœur et à ma mère, que j'ai abandonnées. Que sont-elles devenues ? Que va-t-il leur arriver ?

Avec regret, Luc retira ses mains des épaules de la jeune femme. Il recula, évitant son regard.

– Je vais essayer de retrouver leur trace, Sarah. Mais, si j'y parviens, je ne suis pas certain que vous me saurez gré d'avoir entrepris ces recherches... Parce que l'Histoire, je connais. Elle n'est pas jolie, jolie, et a une fâcheuse tendance à se répéter, vous savez.

2

Schnell ! Raus !

–Vite, vite ! Avancez !

À peine extraits des wagons, dont la moindre ouverture avait été obturée, au bout d'un trajet qui excédait parfois quarante-huit heures, les hommes, les femmes, les enfants étaient accueillis à coups de crosses et de cravaches par les SS, ces policiers allemands en uniforme noir qui portaient un brassard reproduisant un symbole hindou détourné, la svastika, et dont l'écusson était une tête de mort. Un symbole bien trouvé, puisqu'ils semaient la mort à travers toute l'Europe...

Certains tenaient des chiens en laisse, d'énormes molosses aux babines écumantes, qui ne cherchaient qu'une occasion de mordre.

– Avancez ! Vite ! Plus vite !

C'était le seul ordre, indéfiniment répété et accompagné d'insultes. Alors, tout le monde courait, y compris les infirmes, qui cherchaient à se retenir aux plus valides, les vieux, qui trébuchaient, les femmes, dont certaines serraient de tout jeunes enfants contre leur poitrine.

Le convoi s'était arrêté à l'intérieur de l'enceinte clôturée d'une double haie de barbelés, vomissant les déportés, mille personnes au moins, arrachées à leur foyer ou à un camp de transit. On ne comptait pas celles qui étaient mortes de soif ou d'épuisement dans les wagons surchauffés où elles avaient été entassées. Des juifs. Arrêtés et promis à la mort pour cette seule raison.

La foule disparate avait atteint une place centrale entourée de cubes de béton au toit plat. Les soldats en noir y firent un tri sommaire : les plus jeunes, ceux et celles en meilleur état d'un côté, les plus vieux, les plus mal en point et la plupart des femmes et des enfants de l'autre. À ces derniers, les gardiens donnèrent l'ordre de se déshabiller – *Schnell !* –, et de laisser leurs vêtements sur le sol, rangés, pour qu'ils les retrouvent en sortant des douches. Parce qu'ils étaient sales et pouilleux, et qu'ils devaient se décrasser avant de gagner leur baraquement.

Hésitants, les déportés commencèrent à se dévêtir. Ceux qui n'allaient pas assez vite avaient droit à de nouveaux coups de crosses ou de fouets. Ils furent bientôt nus dans la poussière, sous le féroce soleil de l'été polonais – cinq cents femmes, enfants, vieillards. Alors les SS les poussèrent dans les caissons de béton, les *douches*, dont les portes d'acier claquèrent dans leur dos.

Des soldats en tenue de campagne grimpèrent sur les toits, dont la surface de béton comportait plusieurs petites trappes. Les hommes les déverrouillèrent, se couvrirent le visage d'un masque à gaz et y déversèrent une poudre sans couleur que contenaient de petits fûts de métal. Puis ils refermèrent en hâte les conduits et descendirent. Un officier SS chronométrait. « Dix minutes ! » précisa-t-il en levant, doigts écartés, sa main gantée. Dix minutes pendant lesquelles, hormis la rumeur lointaine du train et de camions, un silence spectral régna dans l'espace entre les cubes de béton.

À la dixième minute, l'officier ordonna d'ouvrir. Des SS manœuvrèrent les portes en se bouchant le nez et en se couvrant les yeux. À l'intérieur des cubes, plus rien ne bougeait. Les corps nus étaient empilés, agrippés les uns aux autres, raidis dans la mort en un magma indescriptible.

Mais cela ne parut aucunement troubler les SS et les soldats. Des commandos de prisonniers en droguet rayé furent employés à retirer les corps, entassés à la hâte dans des camions et charriés à l'autre bout du camp, vers d'autres constructions, celles-là de briques rouges et surmontées de très hautes cheminées crachant vers le ciel intensément bleu de lourds panaches d'une fumée noire, grasse, puante.

Cela se passait en juin 1943.

Lorsque les portes hémisphériques des crématoires d'Auschwitz-Birkenau s'ouvrirent en claquant sur un monceau de cendres chaudes et d'os carbonisés, Sarah Engels, qui venait de pénétrer dans la géode en bousculant 01, poussa un cri si perçant qu'il brisa le monde du cauchemar en milliers d'éclats de haine pure.

Ainsi qu'il l'avait promis, Luc Moreau s'était plongé dans les documents du monde en guerre ramenés par les yeux. La maison, qui se perfectionnait sans cesse, était maintenant dotée d'*ordinateurs* – sortes de calculatrices ultrarapides mises au point aux États-Unis – qui faisaient le tri entre les millions de documents engrangés et classés dans la mémoire centrale. Ces documents se présentaient sous l'aspect de cristaux minuscules enfermant des codes numériques ; retransmis en clair sur les écrans, le contenu des cristaux se traduisait en images et en sons d'une précision et d'une pureté incroyables.

Ce qui ne changeait rien à leur signification...

– Je suis désolé, Sarah, balbutia Luc. Je ne voulais pas que vous découvriez ces horreurs de cette façon...

Il ébaucha un geste pour poser une main sur son épaule ou, qui sait, lui caresser la joue. Mais l'éclat de diamant noir des yeux fixés dans les siens le retint.

– De cette façon ? Parce qu'il en existe de plus plaisantes pour découvrir l'innommable ?

Luc soupira. Que lui dire ? Que, pour lui, les camps de la mort nazis n'étaient guère différents de bien d'autres massacres qu'il avait pu observer – les enfants crétois jetés dans la gueule de bronze de Baal, les adolescents aztèques égorgés par milliers, les ruisseaux de sang coulant dans les rues de Jérusalem ou Byzance conquises et reconquises, les sorcières au bûcher ? Non, bien sûr. Ce qu'il venait de découvrir, à cause du nombre des victimes, à cause surtout de l'organisation méthodiquement planifiée du massacre, dépassait en monstruosité tout ce qu'il aurait vu dans son voyage à travers le temps.

– Maintenant vous allez me dire, *monsieur Moreau*, reprit Sarah d'un ton soudain étrangement calme. Ces documents... d'où proviennent-ils ? Essayez donc de prétendre que ce ne sont pas des films nazis ! Personne d'autre qu'eux n'aurait pu les prendre. *Qui êtes-vous*, espèce de salaud ?

Cette froideur était bien plus insupportable que des cris. Luc tenta de sourire.

– Écoutez-moi, Sarah. Écoutez-moi bien. Pour la seconde et dernière fois, je vous répète que je n'ai rien à voir avec les nazis. Je suis un historien. Ou, plus précisément, un archiviste. D'un genre un peu spécial, c'est vrai. Je reçois de tous les coins du monde, par des moyens ultrasecrets, le genre de documents que vous avez vus. Cette maison peut être considérée comme une gigantesque filmothèque. Est-ce que vous pouvez me croire ? S'il vous plaît !

La jeune femme secoua la tête et porta les mains à ses tempes, le soupçon toujours lisible dans la brûlure de son regard et la crispation de ses lèvres.

– Si vous dites vrai, finit-elle par cracher, à quoi sert... Oh, je vois. Ce sont des preuves pour plus tard... pour après la guerre... Pour juger ces salopards. Alors... vous seriez en rapport avec les Américains ? C'est ça, hein ? Vous êtes un espion au service des Alliés ? Mais pourquoi ne faites-vous rien ? Je suis sûre que, si vous le vouliez, vous pourriez intervenir... vous pourriez faire quelque chose pour mon peuple... pour Anne. Pour ma mère...

La voix de Sarah n'était plus qu'un souffle. Ses yeux s'étaient remplis de larmes. Cette fois, Luc osa prendre une de ses mains dans la sienne.

– Je ne peux rien faire, Sarah. Cette maison n'est qu'un centre d'observation et de conservation. Je suis seul et ne possède aucune arme. Vous savez, cette guerre, aussi terrible soit-elle, passera comme d'autres ont passé, pour se perdre dans la marche aveugle de l'Histoire. Le sort réservé à votre peuple est horrible, c'est vrai. Mais, au cours de cette guerre, il y a eu déjà des dizaines de millions de morts, partout. Votre sœur, votre mère ne sont que grains de poussière dans cet holocauste. Le temps dispersera leurs cendres et effacera les douleurs.

Sarah dégagea sa main avec tant de violence que tout son corps en fut ébranlé.

– Taisez-vous ! Vous parlez d'horreurs, mais c'est vous qui me faites horreur ! Les douleurs ne s'effaceront jamais ! Jamais, vous m'entendez ! Vous avez le cœur aussi sec et froid que cette maison où vous vivez en reclus ! Je ne veux plus vous voir. Vous êtes un monstre. Je préfère partir et risquer la mort que rester une heure de plus dans ce caveau !

Elle hurlait encore en se précipitant hors de la géode. Elle hurlait toujours en frappant de ses poings, jusqu'à s'écorcher les phalanges, la lourde porte du hall que Luc, des siècles plus tôt, avait martelée de la même façon.

Lui la regardait, à travers un des yeux caché dans l'orbite d'une statue. Il ne pouvait rien faire.

Et surtout pas la laisser sortir. Catherine au bûcher, ça suffisait. Il n'y aurait plus aucun bûcher, pour aucune personne qu'il déciderait de prendre sous sa protection. Ce n'était pas grand-chose, certes. Mais cette chose-là, au moins, il était capable de l'accomplir.

Avec une émotion qui l'étonnait lui-même, car il ne savait trop comment l'analyser, il continua à surveiller Sarah, jusqu'à ce que sa fureur s'éteigne et que, vaincue, elle regagne sa chambre. Où l'attendait 01. Le robot tendit à la jeune femme une boisson pétillante, qu'elle accepta machinalement, et qui l'endormit pour vingt-quatre heures.

3

Dans le parc, au milieu de la stridulation des insectes agacés par la chaleur, Sarah Engels errait. Longue silhouette noire, image de la douleur muette, passante de cette oasis de paix en plein été de guerre. Elle se croyait seule, mais ne l'était pas. Tapi dans la géode, Luc l'observait. Il ne pouvait s'en empêcher, même s'il savait bien que ce n'était pas raisonnable, tout simplement parce qu'il en souffrait. « Qu'est-ce que tu vas faire de cette fille ? Pourquoi t'obstines-tu à la garder ici ? Allons, ne sois pas hypocrite, tu sais très bien pourquoi... Tu n'as pas tant sauvé une juive traquée qu'une femme qui t'a séduit. Une femme qui te plaît un peu plus chaque jour, et dont tu es en train de tomber amoureux. Mais ne l'as-tu pas déjà perdue avant de l'avoir gagnée ? »

Ce n'était pas si sûr. Après trois jours de confinement dans sa chambre, Sarah avait réapparu dans la salle à manger, où Luc tenait à ce qu'un couvert fût toujours dressé pour elle. Elle s'était vêtue d'une robe rouge qui mettait sa silhouette en valeur. Comme si rien ne s'était passé, elle s'assit en face de lui et, sans un mot, attaqua son repas. Il sourit avec une émotion qui lui enserrait la poitrine, mais respecta son silence, vexé quand même de ce qu'elle parût n'avoir rien remarqué.

Car le maître avait changé d'apparence.

La veille, alors qu'il parlait tout seul devant le miroir de sa salle de bains, il n'avait subitement plus supporté l'image qui lui était renvoyée. « C'est toi, ce lugubre bonhomme, aux cheveux trop longs et toujours vêtu de noir ? Tu sais à qui tu ressembles ? À Hamlet, le héros de cette pièce de Shakespeare que tu as vue il n'y a pas si longtemps. Oui, il ne te manque qu'un crâne dans la main, et ce serait parfait ! »

Il avait donc demandé à 01 de lui faire une coupe à la mode de 1943, et commandé des vêtements à la maison : chemise de sport, veste à carreaux, pantalons de golf. À l'extérieur, on aurait taxé cette tenue de « zazou ». Raté ? Pas tout à fait, puisque, à la fin du repas, Sarah daigna enfin lancer avec ironie :

– Je constate que vous portez enfin des habits décents. Vous sortez ?

Il soupira :

– Vous savez bien que c'est très imprudent.

– Je le sais mieux que vous. C'est gentil de vous soucier de moi, néanmoins. Mais alors quelles sont vos intentions à mon sujet, exactement ? Dois-je considérer que je suis condamnée à mourir ici ?

– Sarah, et si vous cessiez de vous torturer ? Vous n'allez pas mourir. Vous n'êtes pas non plus ma prisonnière. Mais c'est la guerre, dehors, vous le savez bien. Pourquoi ne pas essayer une fois pour toutes d'admettre que vous êtes ici chez vous ? Vous pouvez bénéficier de choses dont vous n'avez pas idée. Des centaines de milliers d'heures de bandes. Presque toute l'histoire du monde. Bien plus que vous ne pourriez voir dans votre vie entière. Et puis...

– Et puis, monsieur Moreau ?

– Eh bien... votre compagnie m'est très agréable. Elle a même changé ma vie. J'étais si seul, jusqu'à...

– Si seul ? Et les deux autres ? Ce garçon et cette fille qui ne disent jamais rien et ne se laissent pas approcher... À croire que j'ai la peste ! D'ailleurs, c'est vrai, je suis une pestiférée. Une juive, ce qui revient au même. On nous brûle pour ça !

– Taisez-vous ! Vous continuez à dire des sottises. Mes serviteurs sont discrets, c'est tout. Mais pourquoi parler d'eux ? C'est de vous que j'ai envie de parler. De vous et de moi. Vous ne comprenez donc rien ? Vous êtes si belle, Sarah...

En parlant, Luc s'était levé pour contourner la table. Il ne se contrôlait plus. Il n'y avait plus que lui, cette fille d'une agressivité électrique, et le sang qui battait dans ses veines. Il la prit par les épaules, se pencha, l'embrassa... ou crut le faire. Sarah lui échappa des mains, il reçut une gifle à lui arracher la tête. Des étoiles rouges voltigèrent devant ses yeux. À nouveau, elle hurlait.

– Je t'interdis de me toucher ! Tu recueilles des princesses en détresse, hein ? De pauvres petites juives ! Mais tu ne leur dis pas que c'est pour profiter d'elles ! Tu n'es qu'un sale porc !

La joue en feu, il ne put que murmurer :

– Je crois que je vous aime, Sarah...

Mais, déjà, les hauts talons de la furie martelaient le dallage de la salle.

– Ouvrez-moi ! Ouvrez cette porte ! Je veux sortir ! Laissez-moi sortir d'ici !

Sarah frappait de ses poings la porte de la maison. Par bravade, elle avait remis les habits noirs du jour de son arrivée, y compris le chemisier à l'étoile jaune. Depuis la géode, Luc l'observait. Il n'avait guère dormi de la nuit, et Sarah non plus. Elle s'était barricadée dans sa chambre ; puis, à l'aube, il l'avait vue se précipiter vers l'entrée. Mais la porte refusait de s'ouvrir.

Luc grimaça un sourire sans joie. Sarah continuait d'agir comme le jeune étudiant qui s'était cassé les ongles sur un battant inébranlable. Paradoxalement, il avait accepté plus vite et plus facilement qu'elle. Quoi qu'il en soit, tout cela n'avait que trop duré.

Il murmura un ordre, qui fut entendu. Sarah ne vit approcher 01 qu'au dernier moment. Elle tenta de se débattre mais, contre la poigne du robot, elle ne pouvait rien. Ses yeux chavirèrent à mesure que le liquide bleu lui était injecté et, en quelques secondes, elle ne fut plus qu'une forme inerte aux cheveux répandus, que le brancard emporta aussitôt.

Plus tard, Luc alla se pencher sur son sarcophage. Yeux clos, ses longs cils recourbés frangeant le haut de ses pommettes, les lèvres violettes et soudées, elle semblait apaisée. Et le sommeil froid n'avait en rien altéré sa beauté. Luc dit d'un ton égal :

– Nous la garderons endormie jusqu'à la fin de cette maudite guerre.

– Comme il te plaira, maître, répondit respectueusement 01.

4

Le 16 décembre 1942, à l'aube d'une journée qui s'annonçait aussi glacée que la nuit finissante, Manfred Speisser, voltigeur dans l'armée du général Paulus qui assiégeait Stalingrad, retira la botte de son pied qu'il ne sentait plus. La botte enlevée, il fixa longtemps, sans comprendre, le moignon de sa cheville cassée net par le froid. Son pied était resté à l'intérieur. Il n'éprouvait pas la moindre douleur. Au-dessus de sa tête, une petite boule de lumière scintillait. Il la contempla un instant, jusqu'au moment où le lumignon fusa vers la voûte céleste et s'y perdit. Speisser n'avait plus qu'à laisser le froid l'engourdir tout entier.

Le 23 février 1943, un Gurkha de l'armée anglaise laissait, étonné, le sable du désert tunisien s'imbiber de son sang. L'éclat d'un obus tiré par un Tigre de Rommel lui avait ouvert le ventre. Près de lui, un scorpion se hâtait vers une destination connue de lui seul.

Au soir du 17 août de cette même année, en plein milieu du Pacifique, le destroyer américain *Forrest* fut coupé en deux par une torpille japonaise. Quatre-vingt-dix-sept marins furent dévorés par les requins.

L'année suivante, le 6 juin à l'aube, les forces alliées débarquèrent en Normandie. Le 15 du mois, une colonne de SS enferma dans une église les six cent quarante-deux habitants du paisible village d'Oradour et y mit le feu. Il n'y eut que deux survivants. Des armes secrètes allemandes, les V 1 et les V 2, firent quarante mille victimes civiles à Londres entre l'été et l'automne. Le bombardement de la ville de Dresde, une certaine nuit de février 1945, causa la mort de cent trente-cinq mille Allemands, tous des civils. Le 30 avril, le chancelier Hitler, responsable de tous ces morts, se suicidait dans son bunker, au centre de Berlin en ruine. Le nombre total des juifs exterminés dans les camps de la mort s'élevait à six millions. Le 6 août...

À 8 h 15 exactement, alors qu'un grand nombre des trois cents mille habitants que comptait la ville se hâtait dans les rues, une lumière éblouissante apparut dans le ciel au-dessus des toits. En une fraction de seconde, elle grossit jusqu'à remplir les nues, méduse palpitante irradiant plus que mille soleils, qui rendit aveugles ceux qui la fixèrent. Une bourrasque surnaturelle suivit, qui agita jusqu'aux molécules de l'air. Puis vint un grondement semblable à celui qu'auraient pu provoquer les portes de l'Enfer en s'ouvrant sur ses feux éternels. Une vague de chaleur suffocante se répandit, portée par un vent d'une puissance inouïe qui balaya tout sur son passage, gens, véhicules, maisons. Et cela, jusqu'à plusieurs kilomètres de l'endroit de l'explosion initiale. On appela par la suite ce vent brûlant le *Pika Don*, le Dragon Tempête.

Des milliers d'hommes, de femmes, d'enfants sentirent leur cheveux flamber, leur peau se craqueler et peler, puis noircir. Beaucoup moururent pendant les premières secondes de ce déchaînement. Ceux qui s'étaient trouvés le plus près de l'éclair avaient tout simplement disparu, leur corps réduit à une nuée d'atomes errants, ne laissant pour toute trace que leur silhouette imprimée au charbon sur les fragments de mur encore debout. Les autres se tordirent longtemps sur le sol, à hurler leur douleur et leur terreur, tandis que le ciel s'assombrissait et qu'au-dessus de la ville martyrisée s'épanouissait un majestueux champignon de fumée dans les replis duquel de sourds feux framboise palpitaient.

Le bombardier solitaire ayant lâché sa graine d'épouvante avait depuis longtemps repris le cap vers l'est, mission accomplie. Le commandant de bord n'avait envoyé que ce message laconique : *Vu la ville, l'ai détruite.*

Cette ville deviendrait aussi célèbre dans l'horreur qu'Auschwitz. Son nom : Hiroshima.

– Et après ?

– Cette première bombe atomique a fait cent trente mille victimes. À peu près autant qu'à Dresde, une ville allemande anéantie par des bombes... normales, si je peux dire. Une comptabilité bien sinistre... Trois jours plus tard, une bombe similaire a été lâchée sur une autre ville japonaise : Nagasaki. Le Japon a capitulé, ce qui a mis fin de manière définitive à la Seconde Guerre mondiale. Mais les États-Unis continuent d'expérimenter d'autres bombes, de plus en plus puissantes, dans un désert du Sud, et au milieu du Pacifique. L'autre grand vainqueur de la guerre, l'Union soviétique, possède elle aussi sa bombe. Et ses camps. Plusieurs millions d'opposants au régime y ont déjà trouvé la mort. Mais personne ne le sait. Ou personne ne veut le savoir – exactement comme pour les camps nazis...

– Vous, vous le savez !

– Et alors ? Je vous l'ai dit et répété, l'étendue de mes connaissances – je veux dire : celles de la maison – ne me donne pas le moindre pouvoir. J'ai été choisi au hasard pour faire ce travail d'archiviste. Quant à la maison...

– C'est ça, le problème ! Quelqu'un l'a bien construite, avec les prodiges scientifiques qu'elle contient. Vous m'avez dit qu'elle était déjà pratiquement ainsi au Moyen Âge. Ça paraît impossible... Ça n'a aucun sens. Vous ne savez vraiment rien ?

– Rien ! soupira Luc en écartant les bras. Le Maître... le *premier* maître, est mort dans mes bras sans avoir prononcé plus de quelques phrases. Et il n'y a rien dans les mémoires concernant la création de la maison. Même les robots ne savent rien.

Sarah sourit :

– Mystère et boule de gomme...

Elle se renversa dans son fauteuil et porta à la bouche une mèche, qu'elle mordilla – un tic de petite fille. Luc, sans en avoir l'air, ne la quittait pas des yeux. La voir, la retrouver si longtemps après, lui faisait toujours battre le cœur. Sarah se frotta le haut de la poitrine, d'où l'étoile jaune avait définitivement disparu. Ses doigts fins s'agitèrent en direction de l'écran. Elle murmura :

– Dites, vous ne pourriez pas éteindre ça, maintenant ?

Luc fit un geste, le vénéneux champignon noir qui dévorait le ciel du 6 août 1945 s'évanouit alors que la fenêtre sur le passé se refermait.

– Vous savez, nous en sommes toujours au même point, reprit-il. Les esprits pessimistes craignent maintenant un conflit nucléaire entre les États-Unis et l'URSS. C'est l'histoire des deux caïmans dans un marigot trop petit...

– Vous me rassurez ! Vous êtes sûr que c'était le bon moment pour me réveiller ?

Son sourire démentait la feinte agressivité de ses propos. Luc sourit à son tour.

– J'ai hésité, je vous assure. Trop longtemps, même. Mais, si j'avais dû attendre une... *bonne* période, je risquais de vous laisser mariner dans votre bain d'azote liquide jusqu'à la fin des temps. Au moins les nazis ont-ils été éradiqués et l'antisémitisme n'a-t-il plus cours. En tout cas au grand jour. Un état juif a même été créé, l'an dernier. Israël. J'ai pensé... peut-être aimeriez-vous vous y établir ?

– Moi ? Vivre dans un désert ? Je suis française. Ma vie est ici. Enfin... ce qu'il en reste. Parce que, vous savez, je n'arrive pas réellement à croire à ce qui m'est arrivé. Sept ans ? J'ai dormi sept ans ? Pour moi, c'est hier que vos machines m'ont expédiée dans le néant.

Luc laissa errer son regard sur l'écran mat où, pendant deux heures, il avait fait défiler un résumé des sept années écoulées.

– Eh oui... nous sommes le 20 mai 1949. Moi aussi, j'ai dormi. Moins que vous, mais j'ai dormi. C'est le seul moyen de retenir le temps. De ne pas vieillir. Vous n'avez pas vieilli, Sarah. Vous vous souvenez de m'avoir parlé de la Belle au bois dormant ? C'est vous, la Belle au bois dormant. Votre corps a toujours vingt et un ans. Le mien... quarante-trois, il me semble. Et pourtant, je suis né en 1420.

– Plus de cinq siècles ? Vous ne les faites pas. On ne peut pas non plus dire que vous vous soyez vraiment amélioré.

Luc ne put s'empêcher de rire. C'est vrai que, durant le long sommeil de Sarah, il avait repris son apparence habituelle, combinaison noire, cheveux qui avaient repoussé et qui commençaient à grisonner. À l'instant, il ne savait plus très bien pourquoi il avait décidé de réveiller Sarah ce jour-là, plutôt que six mois avant, ou un an plus tard. La réponse tenait en une seule phrase : il ne pouvait pas la laisser dormir indéfiniment. Et il avait envie de la revoir – de la revoir vivante. Il n'avait que trop tardé. En tout cas, la jeune femme une fois réveillée, il restait une seconde chose qu'il ne pouvait plus reculer : lui dire toute la vérité.

Il lui raconta tout, le plus simplement possible. Sarah l'écouta de bout en bout sans l'interrompre. Étonnée ? Bien sûr. Mais jamais incrédule. Ensuite, elle s'était montrée d'une curiosité insatiable. Sur la dernière guerre, sur l'état présent du monde, marqué par l'expansion du communisme, les troubles suscités par les révoltes dans les colonies, les menaces de la guerre froide. Mais aussi sur la propre époque de Luc, le Moyen Âge.

– Le Moyen Âge a duré mille ans, vous savez. De mon temps, on n'employait pas ce terme. Je vivais sous le règne du roi Charles VII. Et ma jeunesse était tout à fait ordinaire. Elle ressemblait même beaucoup à la vôtre : une enfance campagnarde à une époque de guerre, dans un pays occupé. Des études à Paris et la fuite, la faim au ventre, en craignant le gibet. Vous voyez, en cinq siècles, malgré les avions, l'électricité, la bombe atomique, pas grand-chose n'a changé pour ce qui est de la vie de tous les jours. Bien sûr, si on décide de faire défiler l'Histoire à vitesse accélérée dans la géode...

Il ne sut comment continuer. Il éprouvait toujours une certaine difficulté à assembler ses phrases en français contemporain.

Et puis Sarah, Sarah...

Au bout de sept ans, le trouble qu'il éprouvait à son sujet n'avait pas faibli. Même si, désormais, il s'était bien juré de se tenir à carreau.

Sarah ne le lâchait pas. Elle voulait tout savoir. Par exemple, s'il avait rencontré François Villon. Luc ignorait jusqu'à son nom, ce qui fit exploser la jeune femme.

– Et dire que vous prétendez tout archiver ! Villon est un des plus grands poètes de tous les temps, monsieur l'ignorant !

– Des poètes disant leurs œuvres dans les tavernes, contre un repas, ou seulement un verre de vin aigre, il y en avait des centaines, à Paris, se défendit-il une fois que Sarah lui eut expliqué qui était ce Villon. Moi-même, j'ai vécu ainsi. Et je ne rimaillais pas si mal !

Elle voulut le mettre à l'épreuve, et il dut s'exécuter avec quelques vers puisés dans sa mémoire :

Si tout l'amour que j'ai au cœur
Devenait de l'or dans mes coffres
Je ne cueillerais point ces fleurs
Que tu rejettes quand je te les offre...

Elle fit la moue, cacha un sourire sous sa main, dit que ça ne valait pas Villon. Ni Verlaine. Puis ajouta, le visage soudain déchiré :

– Mais voilà que je parle de poètes, alors que ma mère, ma sœur, mes proches, tous ceux que j'aimais ont disparu ! Que sont-ils devenus ? Oui, je sais : cendres dans les camps de la mort. Je crois que je préférerais être morte, moi aussi. Pourquoi m'avez-vous sauvée ?

Elle était ainsi, poisson et lapin, jetant le chaud et le froid, passant de la tristesse à l'engouement. Mais, toujours, la curiosité reprenait le dessus. Et elle recommença à lorgner vers la porte. Pourquoi ne pas sortir ? Les dangers, ceux de l'an 1515 comme ceux de 1942, étaient loin.

Luc hésita longuement. Puis accepta.

Il sortirent.

Vêtus à la mode terne de 1949, lui d'un costume gris aux pantalons trop larges, elle d'une veste tailleur et d'une jupe beige, ils se rendirent au bourg proche, dont le nom était désormais Clamart, histoire de respirer l'air du temps. Ils purent lire de vrais journaux au papier craquant et dont l'encre tachait les doigts, ils burent à la terrasse d'un bistrot du Coca-Cola, nouvelle boisson pétillante venue des États-Unis avec les GI, ils respirèrent l'odeur d'essence des automobiles. Luc se surprit à chercher l'auberge du Bon Roy François, où il avait connu Catherine qui avait disparu sous les cendres.

Ils rentrèrent plus vite qu'ils l'avaient pensé, reprenant le chemin familier de la forêt. L'après-guerre s'était montré tel que sur les écrans, sombre et agité, décevant. Pourtant, un peu plus tard, Sarah décidait d'aller à Paris. Pour plusieurs jours.

– Accompagnez-moi, Luc. Rien ne vous en empêche...

– Rien ne m'en empêche ? Je voudrais qu'il en soit ainsi, Sarah. Mais c'est faux. Je peux m'absenter quelques heures, oui. Mais plusieurs jours, ce ne serait pas prudent. Un danger peut survenir, et la maison se déphaser dans le temps. C'est déjà arrivé, vous savez. Et puis...

– Et puis quoi ?

– J'ai beaucoup à faire, ici. Recueillir des tonnes d'images et de renseignements, les trier, les...

– Allons ! Vous savez bien que vos satanées machines le font pour vous. La vérité, c'est que vous n'êtes pas le maître de cette maison, comme vous vous obstinez à me le faire croire. Vous êtes son esclave ! À moins que vous n'ayez tout simplement peur de vous confronter à un monde qui a cinq siècles d'avance sur ce que vous avez vécu...

Luc secoua la tête. Mais il n'alla pas jusqu'à répondre. Peur ? Longtemps après que Sarah fut partie, il tourna et retourna ce mot dans sa tête. Sans parvenir à définir les sentiments ou les pulsions qui le troublaient. Bien sûr que la maison pouvait se passer de lui. Le problème était exactement inverse. *« Est-ce que tu peux, toi, te passer de la maison ? »* songea-t-il. Elle était devenue son cocon, sa coquille, et sa raison de vivre. Pourquoi la quitter, même provisoirement ? Il avait tout ce qu'il lui fallait ici. Tout... sauf Sarah.

Elle demeura une semaine dans la capitale, et cette semaine fut pour Luc une torture. *« Et si elle ne revient pas ? »*

Vaines alarmes. Le septième jour, il la vit de loin agiter la main devant le portail. Elle portait de nouveaux vêtements, des « vrais », achetés dans des boutiques. Elle avait les joues roses, et se montra dans un premier temps excitée comme une adolescente.

– Paris est exactement comme je l'avais quitté. Intact, alors que j'imaginais des décombres fumants. Et cette animation ! J'en ai la tête qui tourne encore. Tu sais quelle est la mode, chez les jeunes ? Ils se réunissent à Saint-Germain-des-Prés, dans des caves, pour danser toute la nuit au son des trompettes de jazz.

– De jazz ?

– Oui, une musique endiablée que les Noirs américains ont apportée avec eux.

Elle parla longtemps, mais Luc se rendit vite compte que, sous son excitation, se cachait un malaise. Pour Sarah, l'occupation, les camps étaient des souvenirs encore très présents. Trop présents. Et sans doute sa confrontation avec la liberté retrouvée avait-elle été trop brutale. Il demanda seulement :

– Que comptez-vous faire, maintenant ?

Sa réponse, lancée d'un ton léger, lui fut un bain de soulagement.

– Oh... je vais rester un moment.

5

Les journées de Sarah furent dès lors semblables à celles de Luc : elle aussi se plongea dans les archives du temps. Mais, alors que le maître restait attaché à l'observation de l'Histoire avec un grand H, la jeune femme se tourna plutôt vers les arts.

Ainsi eut-elle le plaisir inouï d'observer pendant quelques minutes le jeune Michel-Ange tracer à la sanguine, dans son atelier à ciel ouvert, les esquisses des personnages majestueux du plafond de la chapelle Sixtine. Mais elle eut beau chercher, aucun œil n'avait capté le pauvre Vincent van Gogh dans ses champs de tournesols... Elle passa aussi des journées entières à visionner des films hollywoodiens où, dans la magie du noir et blanc, se mouvaient ses vedettes préférées, Bette Davis, Cary Grant, Katharine Hepburn. Luc venait parfois s'asseoir à côté d'elle dans l'ombre de la salle de projection, pour le seul plaisir de s'abreuver de ses rires et de regarder à la dérobée son profil sculpté par la lumière poudreuse de l'écran ; car lui-même appréciait peu ces romances si éloignées de sa culture.

Au cours de cette bizarre période de l'après-guerre, la Terre s'était à tel point couverte d'un réseau de technologies, particulièrement dans les domaines aérien et optique, qu'il arriva à plusieurs reprises que des yeux fussent repérés. Mais toujours de manière fugitive, et sans que jamais ils pussent être identifiés.

La toute première fois, ce fut par le pilote d'un avion de tourisme américain qui, en juin 1947, survolait les Rocheuses. En janvier de l'année suivante, un autre œil fut poursuivi pendant quelques minutes par un appareil de chasse. L'événement eut un certain retentissement, car, suite à une imprudence du pilote, le capitaine Mantell, son chasseur se désintégra à haute altitude, après qu'il eut averti sa base qu'il suivait un objet volant lumineux non identifié...

Il n'en fallut pas plus pour que naisse un mythe qui allait se développer au hasard d'observations ultérieures : celui des soucoupes volantes.

Un des changements notables que subit la maison en cette période de cohabitation concernait Jean et Jeanne. Il y avait déjà longtemps que Luc n'accordait plus grande importance aux deux hologrammes. Ce fut Sarah qui mit un point final à cette situation.

– Ils me font de la peine à errer ainsi. Je sais bien qu'il ne s'agit que d'images, mais ils paraissent quand même si vrais, si vivants ! Puisqu'ils ne te servent plus à rien, renvoie-les. Efface-les. On dirait des âmes dans l'antichambre du Paradis...

Luc acquiesça, plutôt soulagé ; mais, lâchement, il chargea 02 de les... effacer, comme avait dit Sarah. Lui n'aurait pu s'y résoudre, même si ce n'était pas un crime : d'une certaine façon, ça en avait les apparences.

– Tu l'as fait ? lui demanda Sarah un peu plus tard. Désormais – c'était venu, ils n'auraient su dire pourquoi –, ils se tutoyaient enfin.

– Oui, c'est 02 qui a tenu le couteau, fit Luc – une de ses rares tentatives pour manier l'humour.

– Ah ? Et comment a-t-il réagi ?

– Réagi ? Ce n'est qu'une boîte de conserve. Il m'a dit : Comme il vous plaira, maître.

Car les deux robots, eux, avaient commencé à le vouvoyer. Tout changeait, décidément !

Les années 1950 s'écoulèrent ainsi, coupées par les bonds en avant de la maison et de fréquentes parenthèses de sommeil froid. Les années 1960 s'annoncèrent plus convulsives. Aux menaces larvées de la guerre froide vint s'ajouter une multitude de petites guerres chaudes, qu'on appelait, au choix, maintien de l'ordre, décolonisation, libération nationale, ou révolution.

Après une guerre d'Indochine peu glorieuse menée par la France, les Américains s'enfoncèrent à leur tour dans le bourbier de ce qui était désormais le Vietnam, où ils laisseraient des plumes, et leur dignité. La France fut de nouveau confrontée à un long et sanglant conflit, en Algérie cette fois, dont elle ne se sortit pas avec honneur. Et ça n'allait pas mieux au Cambodge, en Amérique du Sud, dans divers pays africains.

Luc Moreau observait ces convulsions avec une perplexité accablée qu'il tentait de faire partager à Sarah.

– Y aura-il jamais un âge d'or sur Terre ? J'en doute. C'est même une éventualité qui paraît reculer à mesure que passent les années et les siècles. Pourtant, si le vieux maître a tenu à ce que je prenne sa suite, c'est bien qu'il y a une suite, justement. Il ne pouvait pas penser que je resterais simplement cloîtré ici dans le seul but d'attendre la fin des temps !

– La fin du monde, tu veux dire ?

– Quelle différence ?

Ils ne pouvaient que sourire de ces perspectives auxquelles ni l'un ni l'autre ne croyait véritablement : si le monde avait résisté à un conflit terrible qui avait détruit des villes entières et coûté la vie à soixante millions de personnes, la planète devait être capable de faire front à tout.

Pourtant, la leçon de l'Histoire n'avait pas été retenue. Les guerres ne s'éteignaient ici que pour renaître ailleurs. Sans parler des explosions internes touchant un Occident malade de sa richesse et de sa toute-puissance. Aux États-Unis, l'été 1966 s'embrasa de la révolte des ghettos noirs, puis de celle des étudiants réclamant la fin de la guerre du Vietnam. En mai 1968, les étudiants français descendirent dans les rues, tandis qu'à deux pas la jeunesse tchèque était écrasée par les chars russes.

Plus que Luc, Sarah se passionna pour ces convulsions sociales, qui s'accompagnaient de nouvelles revendications...

– Tu te rends compte ? Les femmes réclament désormais des libertés niées pendant des siècles ! Elles osent ! Nous allons pouvoir enfin devenir maîtresses de notre destin, de notre corps, de notre sexe.

Luc réagissait en haussant les épaules :

– L'Histoire n'est faite que de ce genre de soubresauts. Bruit et fureur, révolutions et répression, accouchements dans la douleur de sociétés qu'on croit nouvelles, morts vite oubliés. De mon temps, les révoltes d'étudiants étaient monnaie courante, et on les matait de manière bien plus sanglante qu'aujourd'hui, tu peux me croire. Les jacqueries paysannes aussi. Quant aux femmes et à leur liberté pour ce qui est... heu... des choses de l'amour, dois-je t'apprendre qu'à mon époque les étuves étaient mixtes et qu'on y menait joyeuses gambades ? Alors, qu'est-ce qui change vraiment ?

– Ton temps, ton époque ! Te décideras-tu un jour à en sortir ? Moi, en tout cas, je vais le faire. Je vais *sortir...*

– Que veux-tu dire ? souffla Luc en sentant sa poitrine se comprimer. Je croyais que tu avais décidé de rester ici ?

– Un moment. J'avais dit *un moment...* Je crois qu'il est passé. J'étouffe dans cette maison, tu le sais bien. Tu lui appartiens peut-être, mais ce n'est pas mon cas. Je veux voir le monde de plus près. Je veux en faire partie. J'en fais partie ! Quoi que tu dises ou penses, des choses passionnantes sont en train de se produire. Pas sans moi, je serais stupide !

– Tu vas t'en aller, alors..., murmura Luc en détournant les yeux.

Cette conversation avait lieu en septembre 1968. Luc ne put réprimer un sursaut quand la main de Sarah se posa un trop bref instant sur sa joue.

– Je vais m'en aller, oui. Mais pourquoi ne...

Elle s'interrompit. Elle avait failli dire : « Pourquoi ne viendrais-tu pas avec moi ? » Pour se souvenir que cette question, elle la lui avait déjà posée. La réponse serait toujours la même. Ses cils battirent ; elle reprit :

– Mon absence risque d'être longue, cette fois. Mais je reviendrai. Ça, je te le promets. De toute façon, quelle importance pour toi ? Tu dormiras. Et c'est moi qui vieillirai...

Les yeux toujours baissés, Luc trouva quand même la force de sourire. Et de répondre :

– Ne vieillis quand même pas trop, ma Sarah...

Il n'y avait rien à ajouter, il le savait. Et, deux jours plus tard, debout sur le seuil dans la forte lumière de septembre, le maître suivait des yeux la silhouette en robe à fleurs qui s'éloignait dans l'herbe du vallon, jusqu'à ce que la sombre forêt avale ses couleurs dansantes.

Sarah était partie. Pour Luc, qui appréciait décidément beaucoup Shakespeare, ce fut comme si on lui avait arraché une livre de chair à l'endroit du cœur.

6

Le 21 juillet 1969, un astronaute américain posa pour la première fois le pied sur la Lune. « Un petit pas pour l'homme, un grand pas pour l'humanité », avait-on déclaré. Peut-être. Mais, en considérant les coûts exorbitants de la conquête de cette nouvelle frontière, et aussi la lourdeur de la technologie employée, Luc Moreau n'imaginait pas qu'on puisse aller beaucoup plus loin de sitôt.

Pendant un an, il n'avait guère cessé de dormir. Il attendait le retour de Sarah. Mais elle ne revenait pas, ne donnait aucun signe de vie. Luc espérait toujours la repérer quelque part dans le vaste monde en survolant depuis la géode les canyons de New York, les beautés de Cuba, la foule bleu sombre de Pékin. Mais, pour qu'elle tombe sous le regard d'un œil, il aurait fallu un hasard miraculeux. Et ce miracle ne se produisit pas.

En 1970, il décida de se replonger dans la médecine, la biologie, et surtout une nouvelle science en progrès rapide qui permettait d'atteindre le cœur même des mécanismes de la vie : la génétique. La découverte par Linus Pauling de la structure de l'ADN offrait des possibilités qui semblaient illimitées. Tout particulièrement la faculté théorique de dupliquer un être vivant à partir d'un fragment de cellule. Grâce à l'expansion d'un autre domaine de la technologie – l'informatique – la maison pouvait pirater n'importe quelle banque de données. Elle ne s'en privait pas.

Fort d'une masse considérable d'informations, Luc s'attaqua donc à l'ingénierie génétique. Avec un but unique : lutter contre le vieillissement, voire y échapper.

Quand il s'observait avec un soin maniaque dans le miroir grossissant de la salle de bains – et il le faisait souvent, trop souvent –, Luc se trouvait une sale mine, pour ne pas dire une sale gueule. Un teint trop pâle de reclus, des joues creuses, les rides infimes qui se creusaient autour des yeux et de la bouche, ses cheveux qui grisonnaient... Certes, il demeurait en parfaite santé, et la fréquentation, pas suffisamment assidue, de la salle de gymnastique lui conservait une musculature bien rodée. Mais il continuait à être hanté par le souvenir du corps décrépit du premier maître exhalant son dernier souffle entre ses bras.

Devenir comme lui, finir comme lui ? Jamais ! Quel âge pouvait-il avoir, quand il était mort ? Quatre-vingts ans, quatre-vingt-dix ? C'était déjà un exploit. Mais, si le maître était mort dans un aussi triste état au XVe siècle, c'est parce que ni la science humaine ni les pouvoirs de la maison ne pouvaient le sauver. Lui, Luc Moreau, était en marche vers le XXIe siècle !

Il n'avait plus qu'à se jeter à corps perdu dans ses nouvelles recherches.

Dans son bain nutritif, l'architecture couleur d'ivoire prospérait.

Elle n'avait été au départ qu'un assemblage de lignes brisées translucides, baignant dans un liquide rose qui bouillonnait avec des clapotis de bonne cuisine. Puis, peu à peu, les lignes avaient durci, s'étaient ordonnées, en même temps qu'elles gagnaient épaisseur et consistance. Le tronc central, modelé en plusieurs dizaines de cylindres bosselés, s'était hérissé d'une structure osseuse qui, se rejoignant contre un chevron supérieur, avait fini par former une cage joliment galbée. Les membres se formèrent, s'allongèrent, se ramifiant à leur extrémité en grappes d'osselets graciles.

L'informe boule au sommet du tronc fut la dernière à s'affiner, à se creuser de deux trous, encore sans regard. Les mâchoires se séparèrent, avant de se mettre à remuer de manière léthargique, comme si le crâne planté au sommet du squelette désormais formé mâchait en silence une nourriture invisible.

Des bourgeons rosâtres apparurent dans les concavités du squelette. Ils s'allongèrent à leur tour, prenant la forme de faisceaux élastiques meublant le vide entre les os. Bras et jambes purent alors brasser le liquide rose, simulacre de mouvements natatoires d'un écorché acharné à échapper à son aquarium. La cavité entre les côtes et l'espace vide au-dessus des grandes oreilles osseuses où s'attachaient les fémurs se remplit à son tour : sacs mous des poumons, masse luisante du foie, ballon bombé de l'estomac supportant le nœud des intestins. Au centre de l'édifice, un dur muscle rouge se développa, accroché à un dense réseau de grosses veines. Et vint le moment tant attendu où ce muscle se mit en mouvement, se gonflant et se rétractant en cadence, pompe infatigable précipitant le sang à travers l'organisme.

À l'intérieur de la boîte crânienne, une sorte de noix se développait avec peine. Elle parvint à emplir le dôme, envoyant de minces filaments dans le corps. Deux globes opalins, décorés de deux cercles concentriques, noir et brun, vinrent se loger dans les cavités orbitales. La face noyée prit une expression hagarde. Une pellicule beige rosé vint recouvrir la totalité du corps, lui donnant un aspect plus aimable. Le crâne s'auréola d'une crinière brune, les ongles durcirent aux doigts et aux orteils.

Le corps était complet.

Le niveau du liquide bouillonnant baissa, avalé par les bouches d'évacuation de l'aquarium. Mais le gisant restait encore lié à toute une symphonie de machines ronronnantes par un écheveau embrouillé de drains et de fils, parfois pas plus épais que des cheveux, qui émergeaient de divers endroits de son épiderme. La poitrine commença à se soulever, d'abord avec des soubresauts, puis avec une rassurante régularité.

Le corps vivait.

Encore endormi, paupières closes, il avait l'apparence d'un enfant de sexe mâle de sept ou huit ans. Sa croissance, à partir de la cellule germinative dont il était issu, avait pris dix-sept mois. Penché sur la cuve, l'homme en noir regardait sa création avec un sourire tout à la fois incrédule, effrayé et triomphant. Il fallait maintenant que l'enfant atteigne l'état de mûrissement d'un homme de dix-huit ans.

Cela ne prendrait que quelques semaines.

Pour lui, comme pour les neuf autres clones à son image.

Sarah Engels sonna au portail de la maison le 11 mai 1975.

Un geste purement symbolique puisqu'elle savait qu'à peine sortie de la forêt, les yeux l'avaient repérée. Cependant, lorsque la lourde porte de métal plein, repeinte à neuf et méticuleusement graissée, s'écarta devant elle en silence, elle sentit un frisson cascader dans son dos. Le parc, touffu à l'excès, avec ses châtaigniers, ses chênes, son grand cèdre, était sombre et vide. Il y avait bien longtemps qu'elle avait quitté ce lieu hors du monde... hors du temps, surtout. Presque sept ans. Et il peut s'en passer, des choses, en sept ans ! Se pouvait-il...

L'aile d'une pie vagabonde l'effleura, un vol de papillons jaunes dansa devant ses yeux, effaçant ses craintes informulées. La maison était inaltérable. Elle était à l'abri de tout, même de la prolifération des banlieues qui commençaient à encercler le vallon sans s'y infiltrer. Quant à son occupant... Elle sourit, remonta sur son épaule la courroie de son sac de voyage, partit d'un bon pas vers la maison. Elle ne ralentit qu'en débouchant sur le terre-plein gravillonné qui s'étendait devant la façade. Sur le perron de la bâtisse, négligemment appuyé à la rambarde, quelqu'un attendait.

Sarah ébaucha un geste, vite interrompu, en même temps que son sourire se figeait. Elle avait cru... Mais non, ce n'était pas Luc. L'homme sur le perron était jeune : pas plus d'une vingtaine d'années. Ses cheveux bruns, très longs, flottaient sur ses épaules. Il était grand, plus d'un mètre quatre-vingts, et avait une silhouette athlétique.

Il portait une chemise à fleurs et des jeans étroits, exactement la même tenue que Sarah.

– Excusez-moi, murmura-t-elle. Je cherche Luc Moreau. Est-ce que...

Elle ravala ses mots. Derrière l'homme, le bizarre pantin métallique semblant sorti du *Magicien d'Oz* venait d'apparaître. Et, à son côté, le drôle de chaudron en cuivre roux se dandinant sur son champ d'air pulsé. Lui semblait plutôt faire partie de la panoplie de Walt Disney.

Le jeune homme sourit, moqueur. Il descendit bras tendus les marches du perron, la saisit aux épaules sans qu'elle cherche à se dégager. La voix, elle, n'avait pas changé.

– Eh bien, Sarah, tu ne reconnais pas ton vieil ami du Moyen Âge ?

Quatrième partie
LA QUÊTE SANS FIN

1

– Alors, tu as réussi ! C'est incroyable. Je veux dire : c'est cette maison qui est incroyable. Cette jeunesse, sur un coup de baguette magique... Tu sais que j'en crève de jalousie ? Et il ne s'agit pas que de rides effacées. C'est l'immortalité qui est à ta portée.

– L'immortalité ? N'exagère pas. Le processus est très compliqué, tu sais. Depuis le premier travail de lecture sur mon génotype, jusqu'au moment où j'ai pu en dresser la carte complète, il m'a fallu trois ans. Et plus de trois autres pour amener ce corps à maturité. Des dizaines d'autres se sont autodétruits en cours de croissance. Et, d'ailleurs, rien ne me dit que cette enveloppe sera aussi solide et durable que l'ancienne.

– L'ancienne ? C'était toi, quand même ! Tu en parles comme d'une vieille chemise. Qu'en as-tu fait ?

– De la vieille enveloppe ? Ce que j'aurais fait d'une vieille chemise, précisément. Je l'ai mise à la poubelle. Et la maison l'a détruite. Tu voulais quoi ? Que je me fasse embaumer comme une momie ? Ce n'est pas de cette façon que je vois l'immortalité.

Sarah rit de bon cœur, sa main se referma sur le poignet de Luc – du *nouveau* Luc – remonta jusqu'à son biceps, qu'elle pinça. Depuis une heure, aussi incrédule que saint Thomas, elle n'arrêtait pas de le toucher.

– Décidément, il n'y a pas que ton corps qui a changé. Ton esprit aussi. Monsieur Moreau donne dans l'humour, maintenant. Tu es sûr que le clonage ne t'a pas tourné la cervelle ?

– Non, rassure-toi. Mon cerveau est le même, fabriqué par les mêmes gènes. Quant à son bagage – ma mémoire –, c'est le produit d'un transfert purement mécanique. Pour employer un langage simple, le contenu neuronal de mon ancien cerveau a été pompé et stocké par l'ordinateur, en traduction binaire. Quand mon nouveau corps a été prêt, ma mémoire, retraduite en impulsions électriques, a été réinjectée dans le cerveau neuf.

– Pompage, injection... Après la chemise, tu parles de ton esprit comme d'un moteur de voiture. Tout ça me laisse quand même rêveuse. En somme, tu as retrouvé l'âge que tu avais à ton arrivée dans la maison. Tu as rajeuni, j'ai vieilli...

– Exactement, souffla Luc d'un ton accablé. Tu es devenue vieille et laide. Tu veux que je t'avoue ? Quand tu es arrivée, j'ai cru voir la sorcière de Blanche-Neige. Il a fallu que je commande aux scanners de la maison une analyse numérique globale pour me persuader que c'était toi...

– Salaud ! pouffa Sarah.

Elle se jeta sur lui, fit semblant de lacérer sa figure comme une chatte ayant soudain sorti ses griffes. Ils luttèrent pendant quelques secondes, puis Luc se dégagea. Respirer son odeur, sentir peser ce corps tant désiré contre le sien le remplissait toujours d'un trouble intense. Il l'avait retrouvée ! Il avait retrouvé sa Sarah. Sa Sarah était revenue. Ce qu'elle ferait plus tard, dans une minute, dans un jour ou un mois, ce qu'elle déciderait n'avait pas d'importance. Seul comptait l'instant présent, qui lui faisait battre le cœur.

Il lui tourna le dos pour cacher son émotion, fit deux ou trois pas sur la terrasse intérieure, où ils avaient décidé de passer un moment. L'ombre du mur ouest y réservait un pan de fraîcheur, tandis que le ciel au-dessus des toits restait d'un bleu intensément lumineux.

– Bon, assez plaisanté, lança-t-il en se servant un verre de bière. Si tu me racontais tes périples ?

– Oh... je ne vais pas te faire un rapport jour après jour, chantonna Sarah en s'étirant. Sept ans, c'est long. J'ai parcouru le monde. La Chine, l'URSS, Cuba, le Tibet, la plupart des pays du Moyen-Orient... Mais, avant, j'ai réussi, non sans peine et après quelques magouilles, à me faire engager par l'ORTF. Eh oui ! je suis devenue reporter. Sarah Engels égale Tintin. Sinon, tu peux me croire, je n'aurais pas réussi à faire le quart ou le dixième des voyages que j'ai accomplis. Mais je ne me suis pas si mal débrouillée. Je dois être douée.

Elle rit. Et continua à parler. Pendant qu'ils prenaient le repas tout simple que 01 servit sur la terrasse, elle racontait encore. Elle ne semblait plus pouvoir s'arrêter, même si, sous l'enthousiasme de ses découvertes, Luc sentait poindre l'amertume.

Ce que le vaste monde lui avait dévoilé était loin d'être toujours enthousiasmant, il le savait. Guerres, famines, tyrannies, injustice, rien ne changeait.

Le soir était tombé depuis longtemps. De temps à autre, un œuf de lumière surgissait de la cheminée de lancement avec un *wouuuuuf...* discret, chambardement d'atomes pris dans un champ magnétique. Sous la clarté des étoiles, Luc regardait Sarah autant qu'il l'écoutait. Les coins de ses yeux s'étoilaient, ses pommettes et le bout de son nez retenaient la lumière assourdie, ses cheveux coulaient comme des algues quand elle les brassait d'un geste machinal. Belle ? Plus que ça. La petite juive hypertendue et soupe au lait de 1942 avait cédé la place à une femme assurée, bourrée d'énergie positive. Ce qui ne l'empêchait pas de douter.

– Que pourrais-tu conclure de ton expérience du monde ? demanda Luc, alors qu'il était déjà tard. En une seule phrase...

– Une seule ? On dirait une question pour la télé. Bof... le monde est fatigant, et je suis fatiguée.

– Alors, seconde question : que comptes-tu faire, maintenant ?

– Me reposer un peu. Je me suis mise en congé. J'ai besoin de faire le point. Regarder tes écrans. Les yeux en ont vu infiniment plus que moi. Ensuite, j'écrirai peut-être un bouquin.

– Ta chambre t'attend, fit simplement Luc en réussissant à adopter un ton le plus neutre possible. Il y a des Pollock et des Warhol aux murs. Des copies, bien sûr. Mais identiques aux originaux à l'atome près...

La chambre de Luc, elle, n'avait pas beaucoup changé depuis le premier jour, toujours sobre et blanche. Malgré l'heure avancée, il n'arrivait pas à se coucher. Il avait l'impression d'être ivre. Pas d'alcool, certes, car le maître avait perdu les mauvaises habitudes de l'étudiant du XVe siècle, mais d'une autre sorte d'ivresse qui portait un nom : Sarah Engels.

Pour la sortir de son esprit, il ordonna à l'écran mural, seule innovation notable, de s'allumer sur une synthèse des événements du jour. Il était en train d'observer une file de combattants au front ceint d'un turban noir se faufilant dans la jungle d'un pays appelé Cambodge lorsque trois coups discrets furent frappés à sa porte. Son cœur s'arrêta une seconde de battre, puis il cria :

– Entre !

La porte coulissa sur Sarah. Elle s'était changée, abandonnant jeans et chemisier pour une robe jaune d'œuf toute simple qui lui arrivait à mi-cuisses. Elle s'approcha du fauteuil où Luc se tassait, tendu comme si un fauve dangereux approchait. La main de la jeune femme se posa avec légèreté sur son épaule. Elle se pencha, ses yeux noirs à quelques centimètres des siens.

– Oui ? murmura-t-il sans oser en dire davantage.

– Voilà..., souffla-t-elle contre ses lèvres. Nous nous connaissons depuis longtemps, toi et moi. Alors, je me suis dit que le moment était peut-être venu. Et, s'il est venu, pourquoi attendre ?

Pendant six mois, Luc et Sarah n'entrèrent pas en sommeil. Ils avaient bien trop à faire pour ça – ils apprenaient à se connaître. Ce qu'ils firent avec beaucoup de tendresse, mais aussi avec cet humour dont Sarah n'était jamais avare. À une question sur le nouveau corps de Luc, elle répondit :

– C'est un peu bizarre. J'ai l'impression de faire l'amour avec ton fils...

Et mille autres facéties. Puis ils recommencèrent à plonger dans le sommeil froid, tandis que la maison brûlait les étapes quand l'actualité elle aussi entrait en sommeil. Mais c'était de plus en plus rare, dans un monde où la folie gagnait.

Les guerres du Vietnam et du Cambodge éteintes, d'autres prirent le relais. Les années 1980 furent secouées par un conflit de huit ans entre l'Irak et l'Iran, une guerre de tranchées avec usage de gaz toxiques, qui ressemblait beaucoup à celle de 1914-1918 et qui se solda par un million de morts. Et combien y en eut-il en Afghanistan, où la jadis glorieuse armée soviétique dut battre en retraite face à une poignée de montagnards ? En 1991, l'Irak se signala une fois encore en envahissant un petit État pétrolier situé à ses frontières, le Koweit. Une gigantesque armada internationale entraînée par les États-Unis mit fin à l'annexion, non sans quelques massacres supplémentaires. En 1994, dans un petit et paisible pays d'Afrique baptisé Rwanda, un autre conflit, celui-là interethnique, explosa et se répandit avec une brutalité terrifiante. Il ne dura que quelques semaines, mais coûta la vie à un autre million de personnes, la plupart tuées à coups de machette. Au même moment, en Europe, la Yougoslavie se déchirait.

Et quoi encore ? Alors que le seuil de l'an 2000 allait être franchi, la planète avait accumulé plus de cent guerres localisées depuis 1945. Pourtant, le pire pour la planète était ailleurs. Il ne se voyait pas. Ou si peu...

2

Le goéland s'était posé sur un rocher.

Il tentait de se maintenir en équilibre ; mais sans le secours de ses ailes, collées à son corps, il commença très vite à osciller. L'oiseau des mers n'était pas blanc, mais d'un sombre gris huileux qui le faisait ressembler à une statue de boue. Cependant, ce n'était pas la boue qui engluait ses plumes ; c'était du mazout, échappé par milliers de tonnes d'un pétrolier cassé en deux. L'océan autour du rocher était d'un noir à reflets rougeâtres qui corrompait l'étendue d'eau jusqu'à l'horizon, gangrenait la côte sur des kilomètres.

Le goéland, épuisé, asphyxié, finit par tomber bec en avant dans la pâte immonde, qui durcissait. Autour de lui, des centaines d'autres oiseaux marins, des phoques, des dauphins crevaient lentement, se transformant en hideuses sculptures de goudron, figures emblématiques des temps présents.

– C'est dégueulasse !

Le cri de Sarah ressemblait à celui qu'elle avait poussé lorsque, soixante ans plus tôt, elle avait découvert les camps d'extermination nazis. Luc tendit les mains, les referma sur les épaules de la jeune femme, qu'il malaxa avec patience, tentant de dénouer les tensions qui lui raidissaient le dos. Qu'aurait-il pu répondre à ce cri ?

La Terre devenait une poubelle éventrée, une décharge à ciel ouvert répandant ses pestilences dans l'air, l'eau, le sol. Les « marées noires » n'étaient qu'un épiphénomène plus visible que d'autres. Mais que penser de la centrale nucléaire ukrainienne de Tchernobyl qui, un beau soir du printemps 1986, avait explosé avec toutes les couleurs de l'arc-en-ciel, rejetant assez de radioactivité pour condamner à terme un million de personnes ? Et que dire de la combustion effrénée des matières fossiles, charbon et pétrole en premier lieu, qui libérait chaque année dans l'atmosphère trois milliards de tonnes de CO_2, ce gaz à effet de serre qui, bloquant le rayonnement infrarouge, menaçait l'équilibre climatique en accélérant le réchauffement planétaire ? Avec, pour perspective, la sécheresse ici, des pluies diluviennes ailleurs, et partout des tempêtes...

Comme celle, un peu vite baptisée « la tempête du siècle », qui vint balayer l'Europe de l'Ouest en décembre 1999 – jolie ironie du sort qui ne clôturait pas tant un millénaire qu'il en annonçait un nouveau, un lever de rideau tonitruant et de bien mauvais augure. Depuis le seuil de la maison, Luc et Sarah avaient assisté en direct au déchaînement des éléments, face au parc traversé par des vents de 130 à 150 kilomètres à l'heure. Des dizaines d'arbres furent déracinés en moins d'une heure, dont un chêne superbe qui datait de François Ier et qu'on aurait juré invincible. Mais c'était oublier Jean de La Fontaine, qui avait d'avance fait un sort à ce genre de prétention...

Dès le jour suivant, les machines avaient commencé à tout remettre en état.

L'industrialisation, la technologie, le besoin sans cesse croissant de confort et de biens de consommation étaient des causes majeures de ces catastrophes rampantes. Et surtout le nombre des hommes eux-mêmes. Au milieu du XVe siècle, alors que le jeune Luc Moreau allait atteindre sa vingtième année, la planète comptait environ trois cent cinquante millions d'habitants. À la fin du XXe, ce nombre était passé à six milliards. Combien seraient-ils cent ans plus tard ? Malgré le contrôle des naissances, encore insuffisamment appliqué à l'échelle mondiale, environ dix milliards. C'était trop, beaucoup trop. Mais comment éviter cette prolifération galopante ? Il semblait inscrit dans les gènes de l'humanité, tout comme dans les religions qu'elle avait enfantées, qu'il fallait se reproduire sans cesse. Jusqu'à en étouffer. Et risquer le suicide de masse, comme ceux des lemmings et de certaines autres espèces animales qui se sentaient trop à l'étroit dans leur biotope ?

Les espèces animales ? À l'image du goéland englué, l'homme ne se chargeait que trop bien d'elles.

La mère éléphant avait senti le danger. Ses oreilles s'étaient écartées de son crâne, sa trompe levée sondait les effluves qui planaient sur la savane pelée. Depuis plusieurs jours, elle avait perdu sa harde, ou ce qu'il en restait. Elle fuyait, poussant devant elle son petit de huit mois, aux pattes encore tremblotantes, qui tentait désespérément de s'accrocher à ses flancs.

Le bébé éléphant suait la peur. Sa mère aussi. Les deux égarés n'avaient rien bu depuis trois jours. La peau plissée de la femelle pendait sur ses flancs. Elle ne savait plus où aller, affolée par toutes ces odeurs hostiles qui l'entouraient, se rapprochaient.

« Avance ! » commanda-t-elle en battant des oreilles, ses yeux mouillés, ombrés de cils féminins. Mais son petit ne pouvait plus obéir. Il n'avançait plus. Affalé sur le côté, sa trompe aspirant faiblement au lieu de l'eau espérée un peu de poussière rouge sur la terre latérisée, il regardait sa mère avec une tristesse indicible, un insondable reproche aussi. Comment pouvait-elle l'exposer ainsi à la soif, à la faim, à la souffrance ? Il ne comprenait pas. Il ne comprit pas davantage le barrissement aigu qui venait de s'échapper de la gueule de sa mère.

La brûlure soudaine en haut de son garrot fit comprendre à la femelle qu'elle s'était laissé distraire, qu'elle n'avait pas vu venir l'ennemi. Et qu'il était trop tard, désormais. Sur ses flancs, son front, ses tempes, d'autres brûlures surgirent, qui foraient dans sa chair un chemin de sang et d'os éclatés. L'éléphante barrit encore, plus faiblement, au milieu du staccato rageur des Kalachnikov. Ses pattes cédèrent, elle tomba, tenta de se redresser, tomba encore, pour de bon cette fois. Tandis que son cerveau s'obscurcissait, elle n'eut plus qu'à se coucher sur le flanc, entourée par les chasseurs d'ivoire. Des hommes exténués, vêtus de treillis de camouflage, qui étaient arrivés dans un vieux camion déglingué. L'un d'eux brandissait une tronçonneuse. Il attaqua à sa base la défense gauche, sans se soucier de savoir si la bête était morte ou non. Couché à quelques pas, le bébé regardait sans comprendre. Une rafale négligente lui perça la panse. Deux éléphants de moins – ces prodiges de force et d'intelligence –, pour quelques kilos d'ivoire qui permettraient à une poignée de Congolais sans terre de manger une semaine de plus, dans un continent qui se désertifiait.

– C'est dégueulasse...

Cette fois, ce n'était pas un cri qui s'était échappé des lèvres de Sarah, seulement un murmure.

« Ce qui est écrit est écrit. Et nous n'y pouvons rien changer. Ce qui doit arriver arrivera, et arrivera encore, dans les siècles des siècles... »

L'image holographique tremblait, les épaules se soulevaient en cadence, comme agitées d'un tic nerveux. Du fond de sa mort, le vieillard ricanait dans sa bave.

– Éteins ça !

Luc n'eut pas à le faire. L'image venait brusquement de se déchirer. Une pensée traversa le clone : le fantôme sénile riait si fort que son hilarité grotesque avait défait la cohérence de l'hologramme. La suite parut lui donner raison. La silhouette se délita, finit par s'effacer. Sarah frissonna, croisa les bras sous sa poitrine.

– C'est fini, souffla gauchement Luc. Il n'y a plus rien. C'était son dernier message.

– Parce que tu appelles ça un message ! se rebella la jeune femme, le fusillant de ses yeux noirs. Ce type n'était qu'un vieux fou. Peut-être n'en savait-il pas plus que toi !

Luc soupira, entoura d'un bras les épaules de Sarah. Qu'aurait-il pu dire ? Ou faire ? Le vieux maître s'était tu à jamais. Et lui était seul, véritablement seul cette fois, devant le saccage accéléré de la planète, les périls qui enflaient à l'horizon de l'espèce humaine. Et son propre destin, toujours aussi illisible.

– Viens..., souffla-t-il.

Il la conduisit au sanctuaire, où reposait le corps du vieillard. C'était la première fois qu'il l'entraînait en ces lieux où lui-même avait cessé depuis longtemps de venir se recueillir. Mais le vieux maître lui avait ménagé une ultime surprise. Sous le dôme de verre, ce n'était plus le masque de cire veillant au seuil de l'éternité qui l'attendait. L'éternité avait joué au corps décharné un tour à sa façon. Le sarcophage ne contenait plus qu'un squelette, dont les os jaunis et par endroits brisés restaient fixés à l'exoderme métallique qui les avait soutenus.

01 et 02, qui n'avaient pas cessé de coller aux talons des deux humains, s'affairaient déjà à démonter le panneau transparent.

– Je suis désolé, maître, ne tarda pas à grincer le chaudron. J'ignore ce qui a pu se passer. Un dysfonctionnement probable du système de maintenance, qui...

– Ça va, ça va ! grommela Luc. Ce n'est pas votre faute. Ça devait arriver, de toute façon. Tu es poussière, tu retourneras à la poussière. Quand même...

– Quoi ? fit Sarah, soudain alarmée par l'expression qui chiffonnait le jeune visage de son compagnon.

– Je ne sais pas. Je trouve bizarre de découvrir ce squelette le jour même où nous avions décidé d'écouter les paroles du maître. Une coïncidence ? Et s'il fallait voir cette farce macabre comme un symbole... ou un avertissement ? C'est la première fois qu'une panne se produit dans la maison. Ce pourrait être un incident avant-coureur d'une série de problèmes plus graves. Qui sait si cette vieille baraque ne va pas se déglinguer pour de bon ?

– Ah, c'est ça... Tu as peur pour ta sacro-sainte maison. Mon pauvre Luc ! Que deviendrais-tu si elle s'écroulait, hein ? Tu ne crois pas que ce serait peut-être l'occasion de rejoindre le monde des vivants ?

Luc ne se donna pas la peine de répondre. Il ne pouvait ignorer que Sarah – et cela arrivait souvent – avait mis le doigt sur un point sensible. La maison. Et si, effectivement, elle finissait par se détraquer, s'écrouler ? Ce n'était pas impossible. Elle avait nécessairement eu un commencement.

Nécessairement, elle devrait avoir une fin. Quand ? Comment ? Le mystère de son édification était sûrement lié à l'hypothèse de sa destruction. Ne rien savoir le rendait fou. Il n'avait que trop retardé l'échéance. Sarah avait raison. Il s'était longtemps laissé porter par le courant, à l'abri dans le cocon rassurant de ce vaisseau immobile, sans vouloir imaginer que le voyage pouvait un jour s'achever.

La découverte du squelette était bien un signe, oui. Le signe qu'il lui fallait coûte que coûte découvrir la vérité. Il n'avait que trop tardé à la rechercher. Par crainte de ce qu'il risquait d'apprendre ? Il soupira nerveusement. Son poing, vieille habitude, sonna sur le dôme du chaudron.

– Faites-moi disparaître *ça*, dit-il en désignant le sarcophage d'un geste négligent. Ensuite, vous allez vous atteler à une révision totale de cette foutue baraque. Vous me rendrez compte de vos travaux jour après jour. Je souhaite en particulier que vous repreniez à zéro tout ce qui a trait aux facteurs temporels.

– Les facteurs temporels, maître ? fit onctueusement l'armure.

– Oui. Je n'ai pas besoin de vous rappeler qu'il n'y a rien dans les mémoires de la maison concernant ses débuts. Ni sa construction. Et pas davantage dans vos crânes de métal ! C'est invraisemblable ! Elle a forcément été édifiée à un moment ou à un autre. Et par quelqu'un en avance sur son temps de manière incroyable. Le premier maître ? Mais d'où venait-il, lui ? En tout cas, qui que ce fût, vous lui devez également votre existence, mes bons amis. Vous n'y avez jamais pensé ? Si vous possédiez le moindre soupçon de l'intelligence que vous êtes supposés avoir, ça devrait au moins vous intriguer. Je suis persuadé qu'il y a quelque part des traces, volontairement cachées. Il faudrait...

Luc s'interrompit, fonça les sourcils, secoua la tête :

– Je viens d'avoir une idée... Et si la seule façon d'apprendre quelque chose là-dessus était de repartir en arrière ?

– Repartir en arrière, maître ?

– Ne te crois pas obligée de répéter tout ce que je dis, vieille ferraille ! Tu m'as parfaitement compris. Il n'est peut-être pas impossible d'inverser le facteur temps. Revenir en arrière. Remonter vers la source. Rencontrer le créateur de la maison. Mais oui !

Luc frappa dans ses mains, capta avec satisfaction le regard empreint d'une incrédulité admirative que Sarah levait vers lui.

– Ce sera désormais le but essentiel de votre travail, reprit-il. Inverser le facteur temps. Vous avez compris ?

– Oui, maître, laissèrent fuser avec ensemble 01 et 02.

3

L'année 2001 passa, marquée le 11 septembre par le plus grave attentat perpétré sur le territoire des États-Unis depuis l'attaque japonaise contre Pearl Harbour : le crash suicide de deux avions détournés par des terroristes islamistes contre les tours du World Trade Center, en plein Manhattan. Agrippés l'un à l'autre, Luc et Sarah purent observer de près, grâce aux yeux immédiatement envoyés sur les lieux, les tornades de fumée noire s'élevant des plaies des façades, des hommes et des femmes se jetant dans le vide depuis les hauteurs vertigineuses des bâtiments en flammes, les deux tours s'effondrant enfin l'une après l'autre au milieu d'une grêle de verre et d'acier en confetti, ensevelissant toute la presqu'île sous un irréel nuage de talc gris.

Cette fois, Sarah s'abstint de crier ou de murmurer : « C'est dégueulasse... » Peut-être qu'elle aussi, à son tour, s'habituait. Ou faisait semblant. Il n'empêche que ce drame ouvrit toute grande la porte à ce qu'un écrivain américain avait pronostiqué : un inévitable choc de civilisations, le heurt entre l'islam et l'Occident, où les États-Unis, fiers de leur force militaire et de l'assurance de leur bon droit, serviraient de fer de lance. En 2002, ils envahirent l'Afghanistan, afin d'en chasser un régime ultrareligieux et rétrograde puis, en 2003, l'Irak, pour mettre fin à une dictature honnie. En réalité, le nœud de tous les conflits à venir, et qui ne faisaient que commencer à ravager cette partie du monde, portait un nom : le pétrole, pour lequel l'Occident se montrait d'une avidité inassouvie. Les crises ouvertes, les guerres larvées ou brutales qui ne cessèrent de s'allumer à partir de 2004, embrasant un vaste arc qui s'étend du Yémen jusqu'à la frontière est du Kazakhstan, n'eurent d'autre cause que ce liquide, d'autant plus précieux que ses réserves s'épuiseraient avant la fin du siècle.

Pis, le vieux fantôme de l'humanité, l'arme nucléaire, qu'on aurait souhaitée définitivement mise au rebut, ressortit à plusieurs reprises de sa boîte de Pandore. En 2008, à l'occasion du bref conflit entre les deux Corées ; en 2010, pour clore la cinquième guerre israélo-arabe, avec un tir sur Damas, capitale de la Grande Syrie. L'année suivante enfin, plus grave, lors de la guerre éclair entre l'Inde et le Pakistan, qui avait couvé plusieurs décennies durant pour éclater avec une violence si dévastatrice qu'elle se solda par cinq millions de morts – et combien de terres rendues stériles, de populations déplacées, de futures victimes d'isotopes en vadrouille...

En ces temps où le globe n'avait jamais passé si près d'une Troisième Guerre mondiale, la maison se trouvait en phase d'accélération temporelle, tandis que Luc et Sarah dormaient. Ils sortirent du sommeil en 2013, pour assister, depuis le cœur de la géode, au coup de poing géant venu du ciel s'abattant au centre de New Dehli. Il projeta des éclats de lumière dure sur les nouvelles tours de cette métropole de trente millions d'habitants, les réduisant en mottes crissantes aussitôt balayées par un vent qui soufflait à six cents kilomètres à l'heure.

Le chasseur-bombardier F-15 ne portait aucun signe distinctif sur son fuselage noir. Il opéra un parfait virage sur l'aile, plongea vers la poupe du cargo à la ligne de flottaison bien trop basse et à la gîte incertaine, qui tentait vainement de fuir vers la côte espagnole. Un double liseré de fumée blanche jaillit de sous les ailes delta de l'appareil, traçant dans l'air serein deux lignes parfaitement parallèles qui relièrent un court instant l'appareil volant au flanc du cargo. Une double explosion suivit le tir. Le navire, qui battait pavillon libérien, s'inclina aussitôt, vomit une tornade de fumée, se cassa en deux comme un *Titanic* de pacotille avant de verser totalement sur le côté. Au milieu de la mer turquoise, le cargo brisé ressemblait à un jouet dans une bassine ; sur ses structures encore émergées couraient en tous sens des milliers de fourmis qui, à mesure que ses deux moitiés sombraient, se jetaient à l'eau. Ces fourmis étaient des hommes, des femmes, des enfants échappés à divers pays de l'Afrique de l'Ouest pour tenter de trouver refuge en Europe.

L'oiseau de proie fit un dernier cercle au-dessus de la mare d'huile, où quelques grappes de fourmis se débattaient encore – une ou deux centaines, sur les quatre mille passagers embarqués sur le cargo surchargé – avant de remonter en flèche vers le ciel, où il ne tarda pas à se dissoudre. Le drame avait duré moins de cinq minutes. Un cas parmi d'autres. Poussés par la faim, la maladie, les guerres incessantes, la misère endémique, ils étaient de plus en plus nombreux, venus de tout le continent africain, à tenter l'impossible immigration vers une Europe symbole de richesse mais qui, au fil des ans, se refermait comme une huître pour tenter de lutter contre cette marée sans cesse grossissante.

Les Pays-Bas, l'Allemagne, l'Autriche avaient déjà commencé à élever sur leurs frontières est une immense barrière, semblable à celle séparant les États-Unis du Mexique, pour contenir les réfugiés des Balkans et du Caucase. En Europe du Sud, on optait pour des méthodes plus radicales encore : couler les bateaux voulant franchir le détroit de Gibraltar ou provenant des confins de la Méditerranée. Pas officiellement, bien sûr, mais en payant en sous-main des mercenaires ou des pirates qui se chargeaient du boulot...

Sur les parois de la géode, une forêt indonésienne achevait de se consumer. La main de Sarah se referma avec force sur celle de Luc.

– À quoi ça sert, tout ça, tu peux me dire ?

– Tout ça ?

– Ces images... toi, nous deux, la maison, cette fuite vers le futur qui n'arrête pas ?

– Un peu de patience... Nous finirons bien par avoir la réponse. Les robots y travaillent.

– De la patience ! Je suis à bout, moi.

Comme chaque fois qu'il se sentait impuissant devant les colères de Sarah, Luc se déroba et alla rôder, solitaire, sous les ombrages du parc.

La plus grande partie de la forêt ayant si longtemps protégé la maison avait été coupée. Derrière les trouées larges comme des avenues, la marée informe de la banlieue étalait les strates de sa lèpre grise. Une route longeait la clairière, une cimenterie avait commencé à ronger les flancs de la colline. Cependant, la combe restait inviolée : dès les années d'après-guerre, faisant valoir des droits ancestraux fabriqués de toutes pièces, Luc en était très officiellement devenu propriétaire. Et, signe des temps, une clôture électrifiée en interdisait l'accès. N'empêche, le domaine était désormais visible, donc vulnérable. Aussi, lorsque la maison se décalait dans l'avenir, elle ne disparaissait plus aux yeux indiscrets, comme Luc en avait fait l'expérience au cours d'une de ses mésaventures passées. Une image holographique résiduelle en prenait la place, faisant illusion. Mais en serait-il toujours ainsi ?

Les yeux aussi étaient une source de soucis. À cause des progrès technologiques, ils n'étaient plus à l'abri des attaques extérieures. Ainsi, en juillet 1947, l'un d'eux avait été abattu au-dessus du Nouveau-Mexique par un chasseur de la base de Roswell. À cette époque, régnait la psychose des soucoupes volantes. Des bruits avaient alors couru au sujet d'un astronef extraterrestre ayant amené sur Terre des créatures de petite taille – ce qui était évidemment absurde, les yeux en usage dans les années 1940 et 1950 mesurant à peine un mètre de diamètre. Plus tard, en 1976, c'est un avion de chasse soviétique qui en avait pulvérisé un au-dessus de l'Afghanistan, tandis qu'un troisième disparaissait à l'aube du nouveau siècle, probablement atteint par le faisceau laser d'un satellite militaire américain.

Rien de tout cela n'était trop grave, mais il eût été catastrophique qu'un œil pût être suivi jusqu'à son point de départ. Aussi, en 2006, avaient-ils été une fois de plus modifiés, prenant la forme de simples balles de ping-pong, indétectables au radar.

Quant à la nouvelle tâche dévolue aux robots – tenter d'inverser le flux temporel –, le moins qu'on puisse dire était qu'elle piétinait. À la demande de Luc, 01 et 02 l'avaient entraîné dans les profondeurs du sol, jusqu'au cylindre d'acier rivé au soc granitique de la région, à plus de quatre-vingts mètres sous la surface. Une seule fois, au début de son séjour dans la maison du temps, il avait visité les lieux. Mais, à l'époque, il était encore trop ignorant pour comprendre ce qu'il voyait.

Aujourd'hui, il en allait différemment ; et il s'attarda à regarder, réfléchie par un miroir, la lumière d'absinthe émanant de la combustion d'hydrogène qui, selon le principe de la fusion froide, alimentait la maison en énergie. Soudée au générateur, une structure compliquée, faite de milliers et de milliers de tubes torsadés formant une étrange fleur de métal de dix mètres de haut parcourue d'étincelles paresseuses, ronronnait comme un chat endormi.

– Ce que vous voyez là est l'accélérateur temporel... Du moins est-ce ainsi que j'ai choisi de le nommer, commenta 02 de son ton le plus suffisant. Il est alimenté par le générateur. Que se passe-t-il exactement dans ses circuits pour que la maison puisse s'évader du continuum spatio-temporel ? En l'absence de toute référence concernant sa construction, il est encore trop tôt pour que je puisse l'expliquer ; mais je suppose qu'une particule élémentaire, comme le neutrino, a sa part dans le phénomène. Voyez-vous, accélérer un volume de la taille de la maison nécessite une énergie fabuleuse. Pourtant, elle devrait être multipliée par mille, ou cent mille, si l'on voulait revenir en arrière. Seules des collisions particulaires capables de créer de l'antimatière, donc de l'anti-énergie, seraient peut-être en mesure de résoudre le problème. Je me propose donc de construire sous le socle un accélérateur de particules, sur le modèle des synchrotrons de Genève ou Grenoble, en plus perfectionné bien sûr, qui...

Le maître, qui n'avait jamais rien compris à la physique nucléaire, leva la main pour interrompre ce flot de paroles.

– Ça suffit, chaudron, j'en ai assez entendu ! fit-il avec lassitude. Fais pour le mieux, ajouta-t-il, tu me reparleras de tout ça quand tu auras avancé suffisamment pour que ça en vaille la peine.

Et il reprit le chemin des hauteurs par l'ascenseur hydraulique.

Cependant, ce ne fut pas pour l'entretenir de l'accélérateur que 02 vint le déranger quelques jours plus tard, alors qu'en compagnie de Sarah il observait les effets dévastateurs d'un cyclone sur les côtes de Floride.

Pour une fois, la voix du robot semblait empruntée.

– Maître, je voudrais aborder un sujet personnel que... Eh bien, la présence de mademoiselle Sarah n'est peut-être pas...

– Qu'est-ce que tu racontes ! s'emporta Luc. Je n'ai rien à cacher à Sarah, et tu le sais bien. Alors ? Tu la craches, cette mauvaise nouvelle ?

– C'est-à-dire... je viens d'avoir le résultat de votre bilan de santé trimestriel. Il me donne quelques inquiétudes. Il semble que votre enveloppe actuelle soit en train de développer une prolifération de cellules anarchiques en accroissement rapide, notamment au niveau du foie et du système digestif.

Les sourcils de Luc se froncèrent, le temps d'assimiler l'information. C'est vrai que, depuis quelque temps, il ne se sentait pas en forme, n'avait aucun appétit et souffrait de nausées. Il dégagea sa main de celle de Sarah, qui s'était crispée sur la sienne avec une force inaccoutumée. Mais c'est d'un ton presque badin qu'il lança :

– Si je comprends bien, j'ai un cancer...

– Tu n'as pas à t'inquiéter, ma Sarah. Même la maison ne pourrait me guérir de cette maladie, d'accord. Mais tu sais bien qu'il me reste une autre solution.

La jeune femme sourit avec tendresse. Très irritable ces derniers mois, voilà qu'elle ressemblait de nouveau à celle qui, un soir déjà lointain de 1975, avait frappé à sa porte. Luc aurait pu ironiser sur le fait que rien ne valait une maladie grave pour retrouver l'affection de quelqu'un qui s'éloigne. Mais il s'en abstint. Au contraire, il posa doucement la main sur la joue de Sarah et sourit.

– Tu vas dormir un peu, dit-il, sans préciser combien de mois ou d'années durerait cet *un peu*. Je te rejoindrai bientôt dans le sommeil. Nous en avons besoin tous les deux. Nous avons besoin d'oublier le monde. Lorsque nous nous réveillerons, peut-être les choses auront-elles enfin évolué. En mieux...

Et ce fut fait comme il en avait décidé. Le centre médical de la maison endormit Luc. Son esprit fut pompé et transféré dans la cire vierge d'un nouveau clone. L'enveloppe cancéreuse fut détruite. Et le nouveau maître eut tout le loisir de se reconstituer, alors que douze années de temps chronologique s'écoulaient à la vitesse de l'éclair. Il se réveilla en 2025, en même temps que Sarah, dans un corps de vingt ans.

À l'extérieur, les choses avaient effectivement changé. Mais pas en mieux...

4

La falaise se lézarda d'un coup. Les plaques de glace glissèrent les unes sur les autres, le mur de soixante mètres de haut s'effondra en parcelles triangulaires, à l'image d'un carreau qui se brise, touché par une pierre. Le silence surréel de cette chute blanche s'interrompit brusquement dans le *waouf!* sourd des millions de tonnes de glace plongeant dans l'eau. En écho, les cris d'innombrables oiseaux marins qui assistaient à cette avalanche en tournoyant follement se répercutèrent sur les pans encore debout de la banquise.

La vague géante provoquée par l'effondrement ondula vers le sud-est. Ses brisants se perdirent peu à peu dans l'immensité, sans disparaître pour autant. Au contraire, ils grossirent un peu plus le volume d'eau qui attaquait les côtes européennes et laminait les plages, rongeait les falaises, gonflait sans cesse les estuaires. Aux Pays-Bas trop bien nommés, Bruges, Anvers, La Haye avaient commencé à ressembler à Venise – avant son engloutissement définitif en 2019. Vers la Brême allemande, provisoirement épargnée, de grêles cités en fibre de verre étaient en train de pousser comme des plantes fantastiques, les hommes n'ayant d'autre solution que de s'élever vers le ciel pour échapper à l'eau.

Protégée par le détroit de Gibraltar, la Méditerranée enflait avec plus d'indolence ; mais ce n'était que pour mieux achever de mourir, en proie à la prolifération cancéreuse d'une algue tueuse. Beaucoup plus près de la maison du temps, l'estuaire de la Seine était devenu un marais, obligeant de nombreuses villes telles que Rouen ou Mantes à être évacuées. Mais le pire se passait dans les points du globe où l'on était trop pauvre, trop démuni pour lutter. Comme au Bangladesh, par exemple, région martyre entre toutes, qui comptait par millions ses victimes mortes par noyade, famine, typhus ou peste. Ailleurs, en Afrique, en Inde, et même au cœur des États-Unis, c'était la sécheresse qui s'étendait. Peu à peu, la planète prenait l'aspect de cette sinistre vision prédite par les écologistes du siècle passé : un ensemble de déserts rongés par l'eau morte.

Ces modifications climatiques portaient un nom : l'effet de serre. Causé par une indigestion de CO_2 produit par la consommation démente du pétrole, du gaz, du charbon, du bois des dernières forêts, il transformait la Terre en une serre surchauffée. Résultats : pluies et tornades ici, désertification ailleurs. Lors des vingt-cinq ans écoulés, pourtant, la température n'était montée que de 1,3 degré en moyenne. Mais on prévoyait qu'elle ferait un bond de 4 degrés supplémentaires avant la fin du siècle. Avec quelles nouvelles catastrophes à la clé ?

Luc et Sarah ne séjournèrent que trois mois en 2025, avant de se décider pour un nouveau bond de dix ans.

Ils se réveillèrent en juin 2035, sous une pluie qui semblait n'avoir ni commencement ni fin. Le parc était gris, les branches des arbres pendaient comme de vieilles serpillières, les allées étaient recouvertes par vingt centimètres d'eau, l'horizon proche s'étouffait dans les brumes rampantes. La consultation des mémoires leur apprit qu'il n'avait pas cessé de pleuvoir depuis trente-sept jours. Et qu'en 2034 le territoire national avait comptabilisé en moyenne deux cent trente-deux jours de pluie. C'était une autre des conséquences de l'effet de serre. L'évaporation de l'eau enfermait la planète dans une épaisse couche de nuages qui ne se dégageait que de plus en plus rarement. Et qui laissait s'échapper d'intarissables trombes d'eau.

Bien trop tardivement, les pays riches, conscients de la course à l'abîme, avaient tenté de prendre des mesures pour contrer l'inévitable. En 2031, un satellite sino-américain, nommé Elios, avait été mis en orbite. Ses miroirs géants renvoyaient au sol un flux ininterrompu d'énergie solaire. Un premier pas séduisant, coûteux, et qui aurait nécessité beaucoup d'autres initiatives – quatre cents exactement – pour être efficace et remplacer la moitié seulement des centrales dévoreuses d'énergie fonctionnant sur le globe. L'espace pouvait-il sauver la Terre ? À nouveau, après deux décennies de conflits incessants, les yeux se tournaient vers les étoiles – quand la couche nuageuse le permettait... Ainsi, en 2033, un Américain, un Saoudien, une Nigériane et une Chinoise avaient touché enfin le sol rouge de Mars pour y établir une base permanente. Afin d'y démarrer un plan de terraformation qui ne pourrait porter ses fruits que trois mille ans plus tard ? C'était dérisoire...

Surtout que, sur le sol de la mère-patrie, les choses ne s'arrangeaient pas, même quand elles n'étaient pas le fait de l'espèce humaine. Le 13 juillet, Luc et Sarah purent assister en direct à un choc sismique d'une puissance incroyable qui atteignit la Turquie, la faisant éclater comme un fruit mûr. Il engloutit Istanbul et Ankara, creusa une faille de huit cents kilomètres entre la frontière bulgare et les confins de l'Anatolie. Une conséquence, prévue de longue date, de la dérive des continents poussant la plaque africaine contre le socle indo-europén. Cinq millions de morts au bas mot, dix fois plus de blessés et de sans-abri, s'ajoutant aux victimes quotidiennes des cyclones balayant l'océan Pacifique du Japon à l'Indonésie, qui elles aussi se comptaient par millions.

– Tous ces morts... tous ces morts ! gémit Sarah, pressant ses tempes entre ses mains.

– Oui, grommela Luc. Et pourtant, il en faudrait cent fois plus, d'un coup, pour que la planète puisse respirer.

Elle le regarda avec horreur :

– Tu plaisantes ou tu es sérieux ?

– Je plaisante, bien sûr, fit-il d'un ton distrait, esquissant un geste qu'elle refusa en se repliant comme un chat en colère.

Il plaisantait ? Sarah n'en était pas convaincue. À nouveau, elle ne parvenait plus à comprendre cet homme six fois centenaire qui promenait sur un corps de vingt ans sa sombre gueule de voyou moyenâgeux. Et, ne le comprenant plus, elle recommença à s'éloigner de lui, tandis que l'amour – mais y avait-il véritablement eu de l'amour entre eux ? – s'estompait.

La décision s'imposa, plus rapidement qu'elle l'aurait cru. Elle le lui fit savoir un matin alors que, dans la chambre blanche où ils avaient dormi côte à côte sans se toucher, il s'éveillait avec innocence, se frottait les paupières, brassait ses cheveux en désordre. Elle lui trouva soudain une ressemblance troublante avec un acteur français, mort depuis un siècle, et dont elle avait visionné les films avec passion, Gérard Philipe. Mais, justement, elle ne devait pas se laisser troubler. Lorsqu'il fut bien réveillé et tendit le bras vers elle, elle dit simplement :

– Luc, je m'en vais.

À cette époque où la nature livrait un combat victorieux contre l'espèce dominante qui l'avait si longtemps maltraitée, des hommes, des femmes luttaient pour la survie de la Terre. Particulièrement dans les nations qui restaient les plus riches. Quand bien même cette richesse gardait un goût de cendres et de pourriture, de grands courants populaires étaient nés. Beaucoup se retrouvaient dans une inspiration religieuse. Ainsi, plus que jamais, des sectes germaient sur un terreau de peurs et de croyances erronées, attendant l'Apocalypse, ou la précédant à travers des vagues d'une intensité jamais vue de suicides collectifs. Le mouvement le plus important, le plus constructif aussi, était celui des cavaliers de l'Arc-en-ciel, les Rainbow Horsemen. À la manière d'industrieuses colonnes de fourmis, ils parcouraient la Terre malade pour la soigner, le plus souvent de leurs mains nues.

Après les avoir patiemment observés sur les écrans, c'est vers ceux-là que Sarah allait. Elle l'expliqua à Luc.

– Alors, tu vas faire quoi, Sarah ? Curer les rivières avec une brosse à dents ? Racler les *Taxi-foliæ* de la Méditerranée avec une petite cuiller ? Repousser les cyclones à coups de talons aiguilles ? À moins que tu ne sois volontaire pour reboiser le Sahel ? Tu as du boulot...

– Plaisante autant que tu veux. Ça te va bien, monsieur l'observateur impartial ! Mieux vaut agir en désespoir de cause que ne rien faire. Tenter de réparer la Terre est un rude travail, je sais. Mais c'est le seul qui mérite d'être accompli. Rappelle-toi cette phrase de Scott Fitzgerald : « On devrait comprendre que les choses sont sans espoir et être cependant décidé à les changer ! »

Luc sourit. Il n'avait soudain plus aucune envie de faire de l'ironie. Il prit la main de Sarah, la porta à sa bouche, embrassa un à un ses doigts, puis repoussa la jeune femme avec légèreté et tendresse. Il n'avait rien à ajouter ; en esprit, Sarah était déjà ailleurs, là-bas, avec les militants de l'Arc-en-ciel. Luc n'était même pas véritablement triste ; ou alors sa tristesse était si profondément enfouie qu'elle n'affleurait pas dans ces régions indécises où naissent et meurent les émotions. Cela faisait longtemps, des semaines, qu'il se préparait à ce départ annoncé. Aujourd'hui, ça y était.

– Va..., souffla-t-il, si bas qu'il n'était pas certain que sa compagne eût entendu ; d'ailleurs elle lui avait déjà tourné le dos.

Elle partait. Ce n'était certes pas la première fois. Mais il savait que cette fois-là serait la dernière, et qu'il n'y pouvait rien changer. Immobile entre les battants du portail, il la regarda avancer dans la lumière d'étain de ce mois d'août 2035. Par exception, il ne pleuvait pas, ce qui accentuait la chaleur étouffante prisonnière du plafond uni des nuages. Sarah avait passé une toute simple tunique blanche décorée d'une grande fleur dont les pétales formaient les couleurs de l'arc-en-ciel, la tenue des cavaliers. Elle n'emportait qu'un sac de voyage, celui avec lequel elle avait réapparu en 1975.

Luc tenta de chasser les mouches qui vrombissaient autour de sa tête. Peine perdue. Une des conséquences de la chaleur et de l'humidité était la prolifération des insectes, qui semaient leurs œufs et leurs larves partout. Là-bas, au creux du vallon, la silhouette de Sarah paraissait nimbée d'un miroitement d'argent, une aura resplendissante. Mais ce n'étaient que les mouches, les papillons, les guêpes, dix autres espèces volantes qui la harcelaient. Au sein de ce tourbillon de lumière, Sarah paraissait fondre, bue par l'été.

Luc appliqua un court instant ses paumes sur ses yeux. Quand il les retira, poisseuses d'humidité, il n'y avait plus personne dans le vallon.

5

Août passa, et septembre. À la fin du mois, une bande de rôdeurs attaqua la maison. C'était la première fois que ce genre de problème se présentait.

Les pillards tentèrent de s'y introduire non par le portail, inébranlable, mais par le mur ouest. Ils étaient venus à cheval, tandis que des mulets traînaient des chars où s'entassaient leurs maigres rapines. Depuis quelques années, les animaux de selle ou de trait étaient de nouveau utilisés, à cause du prix exorbitant de l'essence, de sa raréfaction surtout, les réserves maigrissantes de ce précieux liquide étant en priorité destinées à l'armée, à la police, et aux services d'urgence encore en état de fonctionner. Et puis l'époque était à la transhumance, aux voyages, le plus souvent sans but, ce qui ne poussait pas les voyageurs à se presser.

En outre, les chevaux et autres quadrupèdes pouvaient se contenter de brouter l'herbe en friche des campagnes pas encore inondées, où la clémence insidieuse de la température faisait en toutes saisons proliférer une végétation tropicale. Autre avantage : en cas de disette, on pouvait manger sa monture.

La bande possédait douze chevaux, une demi-douzaine d'autruches et cinq mulets de bât. Elle était composée de dix-huit femmes, onze hommes, et trois enfants. Le groupe comprenait neuf Allemands, deux Hollandais, trois Ukrainiens, deux Italiens, un Portugais, une Roumaine, une Grecque, un Turc. Et douze Français. Mais pas de Maghrébins, d'Africains ou d'Orientaux. Le groupe s'était donné un nom : les Vrais Européens, ceci expliquant cela. Huit jours plus tôt, les Européens s'étaient heurtés à un engin blindé de la Volpolice ; ils avaient dû s'éparpiller, laissant neuf des leurs sur le terrain. Et c'est par le plus grand des hasards qu'ils s'étaient regroupés en bordure du vallon.

Pour l'heure, assis devant un écran, le passager de la maison du temps observait la bande avec un certain amusement. Les Européens ne le surprenaient pas, ni par leur mode de vie, ni par leur apparence. Des bandes semblables, repérées par les yeux, il avait déjà eu maintes occasions d'en observer. Certaines pouvaient compter des milliers d'individus. Encore un signe des temps, inscrit dans des sociétés qui se délitaient et où l'autorité étatique n'avait plus guère cours qu'au sein des grandes villes, qui recommençaient à se fortifier. Dévolues à l'errance et au pillage, mais aussi au troc et même aux spectacles de cirque, elles lui rappelaient les écorcheurs, les grandes compagnies, toutes les bandes de sa jeunesse. C'est à cause de cela que le maître n'était pas pressé d'intervenir.

Il avait au contraire le plus grand besoin de se divertir un peu.

Les trois pillards s'étaient juchés sur un cheval afin de former une échelle humaine suffisamment haute pour atteindre le faîte du mur. Le cheval, nommé Crottin, était le plus patient de tous ; sur son échine se dressait un costaud, Georg Haffner, dit

Centrale nucléaire ; qui portait sur ses épaules massives Tag, dit le Vieux ; qui, lui, soutenait en oscillant dangereusement Douce Agile, une Roumaine de dix-neuf ans, certainement pas douce et moyennement agile.

– Qu'est-ce que tu vois ? cria depuis le sol le chef de la bande, une ex-électronicienne de quarante-trois ans au corps en tonneau, au crâne rasé et tatoué, à la joue gauche rongée par un sarcome qui ne lui laisserait que peu de temps à vivre, et répondant au sobriquet de Gant-de-fer.

La femme était boudinée dans la combinaison noire d'un volpolicier tombé au champ d'honneur ou ayant vendu son uniforme ; elle était armée d'une Kalachnikov tchèque de plus de cinquante ans d'âge, dont elle était la seule à savoir que le chargeur ne contenait plus que trois balles.

Là-haut, Douce Agile avait réussi à prendre appui sur l'arête du mur, entre deux pointes barbillonnées qui auraient dû être électrifiées si Luc, pour parfaire son amusement, n'avait pas fait couper le courant quelques minutes auparavant. La jeune fille, vêtue de lanières de cuir artistiquement croisées sur son corps menu, se redressa et leva les bras en V au milieu des ovations. Elles redoublèrent quand Crottin, piqué par un taon, une abeille ou une autre bête venimeuse, fit un brusque écart qui précipita dans la gadoue Centrale nucléaire et Tag, au milieu de la cacophonie métallique des pièces qui leur tenaient lieu d'armure.

– L'échelle ! hurla Gant-de-fer.

Aussitôt, Douce Agile attacha au faîte du mur les crochets d'une échelle de corde et en lança l'extrémité vers ses comparses. Et, à la queue leu leu, toute la troupe commença à monter. Lorsque Margrit, une Hollandaise qui brandissait un sabre de samouraï en lançant des cris gutturaux, prit à son tour pied sur le haut du mur, la maison, avec l'accord de Luc, décida d'intervenir.

Elle ne possédait bien évidemment pas le moindre armement. Mais il lui suffisait de se déphaser dans le temps. La chose se produisit alors que Douce Agile se penchait vers l'intérieur du parc, cherchant à quelle branche elle pourrait s'agripper pour entamer sa descente. Margrit, elle, ouvrait la bouche sur des mots qui ne sortirent jamais. Et l'expression de terreur pure n'eut pas le temps de se dessiner sur le visage des deux femmes. La nuit était brusquement tombée sur le mur... et sur l'univers tout entier. Une nuit d'acier noir, qui ne dura qu'une nanoseconde de temps extérieur, mais qui s'était ouverte et refermée pour l'éternité sur ceux qu'elle avait engloutis.

Luc Moreau aperçut juste un scintillement obscur au centre de l'écran. Mais il n'y avait déjà plus personne sur le mur, ni à son pied. Le déphasage avait tout effacé, tout emporté. Seul demeurait visible un mulet traînant une carriole surchargée, qui était allé brouter assez loin pour être hors de portée du champ temporel.

– Où ils sont passés ? demanda Luc.

– Lorsque la maison se déphase, fit la voix onctueuse du chaudron, elle crée une sorte de trou dans le continuum. Les animaux, les oiseaux en particulier, le perçoivent et se gardent bien de s'approcher du périmètre. Quand on se trouve à l'intérieur de la maison, on est protégé puisque nos composants, jusqu'au quark, baignent dans le flux temporel. Mais qui se trouve à l'extérieur...

– Je te fais grâce de la suite. Tu sais que la physique et moi... Alors, si je comprends bien, nos indiscrets amis sont tombés dans le trou ?

– On pourrait l'exprimer ainsi, maître. Ils sont tombés dans le trou. Et n'en ressortiront jamais.

– Eh bien, bon voyage !

Ce fut la seule oraison funèbre des Européens. Dans les années qui suivirent, il y eut d'autres tentatives d'invasion. Mais le maître s'était désintéressé des traînards, et il laissa la maison s'en occuper à sa manière.

6

Au début de novembre, un immense rassemblement des Rainbow Horsemen eut lieu à Paris, place de la Concorde, sous une température estivale et une mousson qui balayait les toits dans de grands envols d'ardoises. La place ainsi que le jardin des Tuileries qui la jouxtait s'étaient depuis plusieurs années transformés en un lac miroitant de la couleur d'étain du ciel, qu'alimentaient les eaux sans cesse grossissantes de la Seine. Une multitude de passerelles le traversaient pour permettre la circulation piétonne, surplombant le trafic des barques et des canots à hydrogène.

Pour le rassemblement, de nombreuses plates-formes avaient été ajoutées aux passerelles, toutes décorées des couleurs de l'arc-en-ciel, ce qui rendait le lieu inhabituellement gai. Des heures, des jours durant, Luc, sans écouter les discours pleins de bonnes intentions qui se succédaient, observa en les grossissant au maximum, arrêts sur image, retours en arrière, les dizaines de milliers de tuniques flottantes et détrempées, les dizaines de milliers de visages bruns, noirs, jaunes, blancs, tendus dans la même ferveur. Mais c'est d'un seul qu'il se contenta, trouvé dans la foule bigarrée, et qu'il ne lâcha plus. Une tache de lumière tamisée qui fait briller le haut d'une pommette, un doigt qui s'enroule autour d'une mèche, une canine qui mord la chair carminée d'une lèvre, des paupières qui battent sur un regard noir, pétillant d'étoiles... Sarah. À peine changée, bien qu'elle eût maintenant dépassé la cinquantaine.

Luc savait qu'il se faisait du mal en croyant se faire du bien. Mais il ne pouvait s'en empêcher. Encore un jour. Encore une heure avec elle. Et puis, les jours comme les heures fondirent, et vint le moment où les cavaliers abandonnèrent Paris pour s'éparpiller dans le vaste monde à soigner. Bien sûr, il aurait pu suivre Sarah, où qu'elle allât. Il eut la sagesse de s'en tenir là et de s'allonger dans son sarcophage.

– Combien de temps, maître ? fit la voix de 02.

– Allons-y pour dix ans..., fit Luc d'un voix lasse. Et puis non : vingt, cette fois. Mais...

– Oui, maître ?

– Que la maison reste stabilisée.

– C'est ce que je vous aurais conseillé. Comme vous le savez, les déphasages sont très gourmands en énergie. Pour la bonne marche de nos travaux, il est préférable de les éviter.

– Nos travaux, bien sûr..., murmura Luc tandis que le couvercle du sarcophage s'abaissait et que les diverses aiguilles à perfusion qui le maintiendraient en vie s'enfonçaient dans ses membres et son buste.

En réalité, c'est à Sarah qu'il pensait. Si jamais elle décidait de revenir, il fallait que la maison fût là, solide dans l'espace, prête à l'accueillir. C'est avec cet espoir en tête qu'il laissa la brume d'hélium le submerger.

Lorsqu'il sortit du sommeil froid, Sarah lui souriait.

Leurs corps s'étaient soudés, comme tant de fois. Et, comme tant de fois, un balancement marin les berçait dans les vagues du plaisir. Mais pas longtemps. Luc roula sur le côté, repoussant la jeune femme d'un geste plus dur qu'il aurait voulu.

– Quelque chose n'allait pas ? dit-elle de sa voix douce et atone. Tu veux...

– Je ne veux rien du tout ! cracha-t-il. Barre-toi. Laisse-moi. C'est tout ce que je te demande.

Il regretta ces mots, à peine furent-ils tombés de sa bouche. Il tendit le bras, sa main se referma quelques secondes sur une épaule parcourue de frissons.

– Excuse-moi, Sarah. J'ai eu une rude journée. Je suis fatigué. Il est temps de dormir, tu ne crois pas ?

Il leva la main, la lumière baissa dans la chambre blanche jusqu'à se réduire à une sourde phosphorescence bleue au ras des plinthes. Sarah s'était coulée contre le flanc de Luc, osant à peine le toucher par crainte de se faire rabrouer. Puis, constatant qu'il ne bougeait pas, elle commença à lui masser la nuque, les épaules, les omoplates, les nodosités de sa colonne vertébrale raidie. Luc demeura un instant immobile, tentant de goûter sans états d'âme le travail patient des mains parcourant son dos. Mais il n'y parvint pas. C'était impossible. Impossible. D'une détente des jarrets, il ripa vers l'autre bord du lit. Il ne voulait plus de ces caresses hypnotiques, il ne voulait surtout pas se retourner et recevoir en pleine face le poids des yeux vides du clone.

Parce qu'il l'avait fait. Il n'avait pu s'empêcher de le faire. Une bêtise de plus, il s'en rendait maintenant bien compte. Avant que Sarah, la vraie Sarah, ne parte, il avait demandé à 01 de lui prélever pendant qu'elle dormait un lot de cellules totipotentes. Et, alors que lui-même était plongé dans son sommeil de vingt ans, la maison avait fabriqué une dizaine de répliques de la jeune femme. Selon ses ordres, l'une d'elles avait été réveillée juste avant lui...

Dans son bain de chaleur, la Terre de 2055 paraissait s'être assoupie. En tout cas, les poussées de violence des deux premières décennies du siècle étaient loin. Sans doute avait-on d'autres choses à faire que de se lancer dans des guerres inutiles. Ici et là, les efforts pour rendre à la planète son visage d'antan se poursuivaient tant bien que mal. Dans la Méditerranée, des bactéries tueuses d'algues avaient été introduites avec un certain succès. De nombreux pays se couvraient d'éoliennes et d'unités solaires pour réduire au minimum les émissions de CO_2. Des pays africains, comme le Bénin, le Ghana ou le Burkina, avaient entrepris un programme draconien de reboisement et d'agriculture parcellarisée. Un vaccin avait fini par être mis au point, qui était en passe d'éradiquer une des plus graves maladies héritées du siècle passé, le sida. Mais d'autres, plus ou moins en sommeil, se réveillaient, comme la tuberculose et le choléra, sans oublier les infinies variantes mutantes de l'ébola et autres fléaux tropicaux, qui se déployaient vers l'hémisphère Nord à la faveur de la montée de la température. Et on ne pouvait rien faire contre les cyclones à répétition, à peine plus contre le déferlement des eaux...

Le maître de la maison du temps fit pivoter son siège pour se détourner de l'écran où fulgurait pourtant un spectacle d'une beauté terrible et convulsive : une forêt d'Amérique du Sud qui brûlait, bombardée par une formidable éruption volcanique, sous une pluie diluvienne impuissante à éteindre les feux de l'enfer qui, au contact de l'eau, produisaient un dense édredon de vapeur blanche. Debout derrière lui, Sarah montait la garde.

– Qu'est-ce que tu penses de tout ça, toi? murmura-t-il.

– Ce que je pense de quoi, Luc?

Il soupira:

– Rien. Rien d'important, en tout cas. La fin du monde. Ou la fin d'un monde. Ou d'une civilisation. Ou de l'homme. Des hypothèses en l'air.

– Tu ne devrais pas plaisanter avec ça, fit la voix égale du clone.

Il sourit, coupa la retransmission, parcourut des yeux, comme il le faisait si souvent, la silhouette immobile devant lui. Belle, bien sûr. La parfaite réplique de la Sarah de vingt ans qui était arrivée dans le vallon un certain de jour de l'été 1942. Et pas si stupide. Comment aurait-elle pu l'être, puisqu'elle était Sarah. Enfin... un clone, un peu flou sur les bords, quand même, dont la cire vierge du cerveau n'avait été ensemencée que des connaissance basiques, pas de ce qui faisait la personnalité de son modèle.

Son modèle... Où était Sarah, en ce moment? À supposer qu'elle fût encore en vie? En Amérique, en Afrique, en Océanie?

Mais pourquoi penser à elle, encore et encore? «Ne possèdes-tu pas une Sarah de substitution, docile à tes moindres désirs, tes moindre paroles ? » Justement : c'est la Sarah rebelle et capricieuse qui lui manquait.

Il se leva brusquement. Il avait besoin d'air.

– Viens ! dit-il à la Sarah de vingt ans. On va faire un tour dehors...

Il lui prit la main, faible rappel des jours anciens. Aérienne, vêtue d'une simple tunique crème, les cheveux anormalement souples et lustrés, elle le suivit jusqu'au perron. Il était dix-neuf heures d'un certain jour d'avril poisseux et étouffant. Il bruinait. Au-delà des arbres, le vallon était dégagé. L'eau n'avait certes pas baissé, au contraire, mais la gigantesque digue de détournement élevée entre 2049 et 2052 en aval de Paris rejetait désormais l'eau des marées montantes venues de la Manche vers le sud où, entre les pays de Loire et de Bourgogne, était en train de se former un gigantesque lac marécageux aux contours sans cesse changeant, duquel émergeaient les tours de la cathédrale de Chartres.

Luc se claqua la joue. Mouches et moustiques étaient si nombreux qu'à l'horizon ils noircissaient l'atmosphère. Des oiseaux piaillaient, menaçants et rageurs, gobant plus qu'ils ne pouvaient dévorer. Deux hélicoptères de la nouvelle armée européenne survolèrent la clairière en biais dans le bruit tonitruant de leurs rotors. Ils disparurent derrière une crête, en route vers une mission connue d'eux seuls. Sur le sol du perron recouvert de mousse, une longue file de fourmis rouges s'étirait – les plus grosses fourmis que Luc eût jamais vues. Affairées, les ouvrières s'efforçaient d'entraîner le cadavre d'un lézard vert dont le flanc était ouvert en deux. Sans doute avait-il été attaqué par un rat, un corbeau, ou un autre prédateur plus fort que lui. Centimètre par centimètre, le reptile ripait sur la mousse, poussé par des insectes dix mille fois plus légers.

Ce spectacle acheva de décourager Luc.

– Rentrons, soupira-t-il.

Il poussa Sarah dans le hall, la lourde porte aux ferronneries inchangées se referma sur eux. Que faire, maintenant ? Oui, les travaux interminables des robots sur l'inversion temporelle. Il allait descendre. Voir ce que fabriquaient les deux ferrailles. Mais... seul.

Sans regarder sa compagne immobile et silencieuse, il murmura :

– Sarah, j'ai à faire. Je préfère que tu ailles dormir un moment. Quelques jours... ou quelques semaines. Ça ne te dérange pas ?

– C'est comme il te plaira, Luc, répondit-elle.

Les mêmes mots, la même intonation que 01 ou 02.

7

Une longue file de fourmis traversait la plaine rouge.

Des fourmis ? Non, bien sûr, mais la ressemblance était frappante. Cette fois, il s'agissait de cavaliers. La chevauchée était ordonnée, patiente, et les vibrations causées par l'atmosphère surchauffée lui communiquaient des ondulations chaotiques. Les cavaliers étaient des Indiens hopis. Ils traversaient le Colorado pour se rendre au Wyoming. Sous le ciel incandescent la plaine pelée s'étirait jusqu'à l'horizon. Plus personne ne vivait ici, dans cette région qui, moins de cinquante ans auparavant, était constituée de terres céréalières parmi les plus riches du monde. Mais la chaleur était arrivée, et avec elle le désert, qui avait tout emporté, les moissons comme les moissonneurs.

Seuls les hommes rouges étaient restés. Ou étaient revenus. Et tentaient d'y vivre, comme leurs ancêtres. De presque rien, ce qui leur suffisait.

Luc effleura un plot de la paume de sa main. À autre chose, maintenant.

ZAP !

Les gratte-ciel de New York avaient de l'eau jusqu'au deuxième étage. D'ingénieuses structures de bois, de métal, de fibre de verre et bien d'autres matériaux de synthèse s'étaient greffées sur leur parois. C'est dans ces excroissances bulbeuses, comportant des serres et des terrasses de cultures suspendues que la plupart des New-Yorkais vivaient désormais. En tout cas, ceux qui étaient trop démunis pour avoir fui : Noirs américains, Coréens, Chicanos, Malais, Irakiens, qui se livraient à d'incessantes batailles entre ethnies, entre quartiers, entre bandes, d'immeuble à immeuble. Pour l'espace, pour la pêche, pour le pouvoir.

Luc se pencha vers l'écran, un sourire narquois plissant l'angle de ses yeux. En plein milieu de la 5e avenue, un sampan bourré d'hommes en pyjama noir, le front ceint d'un turban rouge, remontait lentement, à la force des rames, ce nouveau fleuve urbain. Ceux-là n'avaient plus très loin à aller. Tombée d'une falaise d'échafaudages camouflés sous de vieux panneaux publicitaires 3D hors d'usage, une pluie de flèches enflammées s'était mise à cribler le sampan, dont le pont et les voiles de papier ne tardèrent pas à brûler joyeusement. Rieurs, hurlant des jurons en espagnol, des guerriers en ponchos bariolés se laissèrent glisser sur des filins jusqu'à la carcasse embrasée que ses occupant abandonnaient, se jetant par-dessus bord. Des combats singuliers au poignard et à la machette agitèrent l'eau limoneuse, qui se teinta vite de sang. Le passager de la maison du temps observa un instant la lutte incertaine, puis se lassa.

ZAP !

Il survolait une plaine découpée en carrés par une multitude de minces canaux reflétant le jaune safran soutenu du ciel. Des pylônes bizarres s'enracinaient dans cette fausse rizière, portant à leur sommet de gigantesques hélices dont les pales vrombissaient dans le vent tempétueux soufflant du sud : des aéropompes, qui allaient chercher loin sous la terre malienne l'eau nécessaire à l'irrigation. Entre les plans de maïs, de sorgho, de betteraves, des hommes et des femmes vêtus d'amples tuniques à capuchon chantaient.

ZAP !

D'autres hommes et d'autres femmes chantaient sur une autre plaine, la plus immense de la planète, qui s'étendait sur dix mille kilomètres entre les mont Oural et la chaîne de Verkhoïansk. Des moissonneuses-batteuses fonctionnant au gaz de compost, alignées comme les chars d'assaut d'une offensive victorieuse mais pacifique, traçaient dans le blé des sillons rectilignes qui s'étiraient jusqu'aux limites brumeuses d'un horizon noyé dans les pommelures d'un ciel mauve. La scène semblait sortir tout droit d'un de ces vieux films soviétiques à la gloire de la Révolution d'octobre, un de ceux qu'aimait Sarah, signés Einstein... non, Eisenstein. Le réchauffement climatique avait délivré la Sibérie des glaces, la taïga était devenue le nouveau grenier du monde, même si la libération du méthane, autre gaz à effet de serre, prisonnier du permafrost pendant des millénaires, ne laissait rien augurer de bon pour l'ensemble de la planète.

Et *ZAP !*

Édifiée par les bras mêlés d'une marée humaine, une des innombrables digues de briques et de boue censées protéger le delta du Gange s'éboula avec lenteur, ensevelissant quelques centaines d'ouvriers. Dix mille autres prirent aussitôt la relève.

ZAP !

Des hélicojets de l'armée brésilienne mitraillaient en rase-mottes les paysans déracinés qui tentaient encore de brûler quelques arpents de la forêt amazonienne, réduite d'un tiers depuis l'orée du siècle.

ZAP !

Une nuée de dirigeables formait un ballet coloré au-dessus du puzzle d'îlots auquel était réduite un bonne part de la Californie, séparée du reste du continent par la cassure tant redoutée de la faille de San Andrea. Mais on reconstruisait déjà, et le cataclysme avait fait beaucoup moins de victimes que le séisme turc de 2033.

Tel était le monde de 2075. Pas si différent de celui du XVe siècle, comme si le futur n'avait d'autre but que faire marche arrière.

ZAP ! ZAP ! ZAP !

Luc Moreau pressa les paumes sur ses orbites. Fugitivement, la rémanence des images se brouilla derrière ses rétines en une pâte rougeâtre qui se répandit dans son esprit. Le monde ne cessait de se transformer. Pire ici, meilleur là. En tout cas, il survivait. Et l'humanité survivait, s'accrochant à des espoirs ténus, reconstruisant ce qui se défaisait, pansant des plaies qu'on aurait pu croire impossibles à cicatriser. Dans un sens, c'était encourageant. Peut-être cela voulait-il dire que, l'âge noir des cataclysmes climatiques révolu, la Terre reverdirait... Mais lui ? Lui, Luc Moreau ? Quelle place avait-il dans ce renouveau espéré ?

Une question qu'il ne cessait de se poser. Et qu'il se poserait tant qu'il n'aurait pas la réponse... Il se découvrit les yeux, étourdi. Il aurait eu tellement besoin de parler à quelqu'un ! Quelqu'un comme Sarah. Mais Sarah n'était plus là. Ni les clones à son image. À un moment ou un autre au cours des vingt années écoulées, il s'était décidé à... les supprimer. Voir le clone numéro un errer sans but avait fini par lui être insupportable. Et plus insupportable encore le fait que cette femme factice le suive partout, se colle à lui comme une chienne fidèle.

« Pourtant, c'était bien dans ce but que tu l'avais conçue, non ? Pour le sexe, bien sûr. Mais

surtout pour qu'elle soit un animal de compagnie, à défaut de pouvoir endosser la personnalité de Sarah, la vraie, l'irremplaçable ! » Mission impossible. Il lui arrivait de complètement oublier le clone. À tel point qu'une fois il était entré en cryogénie pour deux ans, sans même penser à lui accorder le sommeil à son côté. Comme la maison n'avait reçu aucune consigne la concernant, la fausse Sarah était demeurée tout ce temps en la seule compagnie des deux robots. Qu'avait-elle bien pu faire ? Qu'avait-elle pensé ? À son réveil, il l'avait retrouvée, inchangée, souriante. Et n'avait pas osé l'interroger. Mais, dès cet instant, le sort du clone était scellé, même s'il était fait de chair, cette chair qu'il avait autrefois tant aimée. Heureusement, elle n'avait pas souffert et n'avait jamais su ce qui allait lui arriver. Pas plus que Jeanne l'hologramme, ou la jeune Roumaine effacée au sommet du mur. Elle s'était endormie, c'est tout.

Luc fit sonner sous son poing le pupitre de métal. Pour se changer les idées, il descendit au niveau de ce qu'il appelait le chantier. Et qui ressemblait plus que jamais, à deux cent cinquante pieds sous terre, à un enfer métallique aux mille bouches ahanant sans trêve. Au milieu des vapeurs de soufre et d'ozone, dans les éclairs continus des arcs électriques et des flammes de soudure, une armée de robots hérissés de quatre ou six paires d'appendices se démenait pour achever l'anneau d'accélération particulaire de trois cents mètres de diamètre qui s'étendait autour du socle de la maison.

– Ça avance ? demanda le maître.

– Comme un cheval au galop, répondit 02.

– Je n'en doute pas, jeta Luc sans daigner sourire, même si je trouve que ce cheval ressemble plutôt à une tortue. Écoute-moi, chaudron, j'ai pris une décision. Je vais dormir. Mais, cette fois, je ne veux pas être réveillé avant l'achèvement des travaux. Je précise : avant que ces travaux aient atteint le point que je vous ai fixé. Je suis fatigué. J'ai besoin de laisser mon esprit se reposer. Cent ans s'il le faut. Je te laisse le soin de prendre toute initiative concernant la défense de la maison, son accélération ou sa stabilisation. Tu m'as bien compris ?

Luc savait d'avance quelle allait être la réponse du robot. C'est pourtant avec un sourire railleur qu'il l'accueillit.

– Comme il vous plaira, maître.

Un coup de tonnerre éveilla Luc Moreau. Il se cabra, retomba aussitôt, tempes vibrantes, cœur battant la chamade. La tête enfouie dans son oreiller, essayant de se calmer, il écouta. Un coup de tonnerre ? Ses tympans n'enregistraient plus rien. D'ailleurs cette idée était stupide : le grondement du tonnerre, pas plus qu'aucun autre bruit, ne franchissait les murs de la maison.

Il fit jouer ses muscles gourds, remua les bras, les referma autour de sa poitrine. Il avait froid. Pourquoi avait-il si froid ? Et la bouche à ce point desséchée ? Il ramena les couvertures autour de lui. Son corps était anormalement douloureux, parcouru d'élancements et de frissons. Il comprit subitement, avec étonnement, qu'il ne venait pas d'émerger d'une nuit ordinaire mais du sommeil de glace de la cryogénie. Pourquoi était-il dans son lit, alors, dans sa chambre, et pas au sein du sarcophage ? Bah, encore un tour de 01 et 02, qui avaient voulu lui être agréables...

Il put se redresser sans que sa carcasse ne proteste avec trop de vivacité. La chambre baignait dans une espèce de tourbe malsaine, couleur de champignon pourri. D'ordinaire, elle prenait doucement la nuance d'une aube printanière, quelle que fût l'heure ou la saison. Il fit un geste. Rien ne se passa. Il fronça les sourcils, claqua des doigts. La tourbe daigna enfin se délayer, une lumière tremblotante naquit au centre du plafond, comme un faible soleil tentant de traverser le brouillard. Ce fut long, mais la chambre parvint à retrouver sa lumière habituelle, blanche et vaporeuse.

Luc soupira, se sentant de méchante humeur. Les jambes encore tremblantes, il se leva, marcha jusqu'à la salle d'eau : la porte coulissa devant lui. Il demeura un long moment devant le miroir, dont il avait poussé le grossissement au maximum, conscient de l'hébétude qui amollissait ses traits. Il ne se reconnaissait pas. Ou plutôt il ne retrouvait pas le visage qui était le sien à son entrée dans le sommeil. Son front était marqué par les coups de canif de plusieurs rides, ses joues s'étaient creusées, de trop nombreux fils gris parsemaient ses cheveux. Son plus ancien ennemi était de retour. Il l'avait attaqué pendant son sommeil. Luc avait... *vieilli*. Qu'est-ce que ça voulait dire ? On ne vieillit pas pendant le sommeil de glace. Ou si peu. À moins de dormir longtemps.

Très longtemps.

Un frisson parcourut Luc de la nuque aux talons. Lorsqu'il avait gagné le sarcophage, son corps était âgé de vingt-deux, peut-être vingt-trois ans. Et c'était un homme de trente-cinq à quarante ans qui le regardait dans le miroir. *« Cent ans s'il le faut »*, avait-il dit la veille... ou ce qui, pour lui, restait la veille. *« Combien de temps as-tu dormi, en réalité ? Qu'ont fabriqué ces foutues machines ? »* Il tourna le dos à son reflet, regagna la chambre à enjambées nerveuses, se planta devant la paroi nue qui, sur un simple geste, pouvait devenir une large fenêtre-écran ouverte sur le vallon. Ce geste, il le fit. Et il ne put s'empêcher de reculer.

Sous le ciel d'un gris pâle et translucide, la combe n'était plus qu'une concavité d'une étincelante blancheur. Le parc avait perdu tous ses arbres, de même que les collines en surplomb, transformées en falaise de craie. Sur ce décor figé un silence sépulcral régnait, que seul le piaillement éraillé de quelques corbeaux, toujours fidèles à leur poste, et seul lien avec le passé, troublait à la manière d'une pointe d'acier sur une vitre.

Les pluies et la chaleur d'étuve avaient cédé la place au froid, la glace s'était refermée sur le monde.

8

– L'augmentation de la température, la fonte des glaciers – en particulier ceux des pôles –, les pluies continuelles ont accéléré le phénomène d'évaporation. Autrement dit le cycle de l'eau. Rien que de très naturel, et physiquement prévisible. En moins d'un siècle, ce cycle a subi un coup d'accélérateur formidable. Qui a rendu impossible la stabilité du véhicule.

– Qu'est-ce que tu racontes, chaudron ? Quel véhicule ?

– Hum... la Terre, bien sûr. Gaïa, pour reprendre un terme qui a eu son heure de gloire. Conséquence de cette évaporation, un manteau de nuages de plus en plus épais s'est refermé sur la plus grande partie de la planète. La pluie a alimenté l'évaporation, qui a accru la pluie, dans un cycle continu.

Résultat : à partir des années 2100, la température, qui avait monté en moyenne de 4,7 degrés en un siècle, s'est stabilisée, puis a recommencé lentement à décroître, d'autant que l'épuisement à peu près définitif des réserves de pétrole et la désorganisation sociale avaient en grande partie supprimé les causes de l'effet de serre. En cinquante ans, la température a peu ou prou retrouvé sa moyenne de l'an 2000. Mais elle a continué de chuter. Imaginez l'Europe perpétuellement recouverte d'un couvercle nuageux de dix kilomètres d'épaisseur, réduisant le jour à un crépuscule permanent. La pluie, refroidie, s'est changée en neige jusqu'aux Alpes, aux Pyrénées, à la Grèce ! En moins de dix ans, l'hémisphère Nord a perdu 5 degrés supplémentaires, revenant à son niveau de la fin de la période de Würm, il y a de cela un peu plus de 20 000 ans...

– La dernière ère glaciaire ?

– Exactement, maître, approuva 02. Aux environs de 2160 ou 2170, la planète connaissait une nouvelle ère glaciaire. Cette fois causée par l'homme.

– Et qui dure encore, après...

– Oui, maître. Après trois mille ans.

Luc Moreau secoua la tête, son regard passant alternativement de la silhouette guindée de 01 au tonneau de 02. Trois mille ans ! C'était la première chose qu'il avait demandée, bien sûr. Pourtant, il ne parvenait pas véritablement à s'en étonner. Normal, puisqu'il n'avait pas vu le temps passer. Trente ans ou trois mille, quelle différence, une fois réveillé ? Seulement quelques rides et une poignée de cheveux blancs. Ce qui n'était pas cher payé.

– Alors, selon vos calculs, nous sommes... en 5113, c'est bien ça ?

– Le 18 juillet 5113, oui. Tout au moins pour ce qui est du temps de la maison. Car à l'extérieur je ne pense pas que quiconque calcule encore ainsi...

– À l'extérieur ? Parlez-moi donc des gens !

– Eh bien, il y a eu de grands changements, c'est le moins qu'on puisse dire, modula 01, prenant le relais de son acolyte. À partir de la fin du XXIIe siècle, le taux de mortalité a énormément augmenté. Au point que, pour la première fois depuis l'origine de l'humanité, la courbe de croissance des populations s'est effondrée. Cyclones, raz de marée, éruptions volcaniques, secousses sismiques avaient déjà durement saigné l'humanité.

Les épidémies incontrôlables, la famine, les conflits continuels autour des terres encore habitables ont fait le reste. En un siècle, la population de la planète a baissé de plus de la moitié, passant de sept milliards d'habitants à plus ou moins trois milliards. L'arrivée de l'ère glaciaire, extrêmement brutale en termes géologiques, a fait le reste.

– Qu'appelles-tu le reste ?

– Oh ! Aussi terrible que ce soit, nous devons considérer qu'à la fin du XXIIe siècle il ne restait plus à la surface du globe que trois à quatre cents millions d'humains – à peu près ce que devait compter la planète à l'époque de Jésus Christ. Et ceux-ci vivaient dans la majorité des cas comme nos ancêtres... heu, *vos* ancêtres de Cro-Magnon. Néanmoins, certains périmètres avaient été protégés et ont réussi à garder leur cohésion sociale et leur mode de vie – essentiellement dans l'hémisphère Sud, que la glaciation a en grande partie épargné. L'Australie, les Andes, certaines grandes îles du Pacifique que la montée des eaux n'a pas englouties. Au nord, le Tibet et la chaîne himalayenne s'en sont bien sortis, de même que certaines enclaves des ex-États-Unis. Cependant, l'important n'est pas là. Même si la population ne croît toujours pas de manière sensible, une certaine tendance à la remise en marche de l'Histoire est en train de se faire jour ici ou là, avec la constitution de nouveaux États primitifs. Et, surtout, la machine climatique s'est une fois de plus inversée. Même si la différence est encore infime en termes de moyenne, la température va remonter. La couche nuageuse n'est plus aussi dense. Nous sommes en train de sortir de ce qui n'aura été qu'une mini-ère glaciaire.

– Je vois..., murmura Luc, qui poursuivit avec ironie : Maintenant, je suppose que vous allez enfin m'expliquer pourquoi vous avez attendu tout ce temps pour me réveiller ?

– Maître ! protestèrent avec ensemble les deux robots, avant que 02 seul ne récupère la parole. Vous nous aviez ordonné de ne pas vous déranger avant que nos recherches n'aient abouti... C'est vrai, ce fut plus long que nous ne pensions. Nous avons tâtonné, nous nous sommes égarés sur de fausses routes, nous avons exploré trop de pistes menant nulle part. Mais, aujourd'hui, nous croyons pouvoir vous annoncer que nous sommes prêts pour la grande expérience de rétro-temporalité. L'anneau d'accélération est en charge, et il ne reste plus que quelques problèmes de sécurité à résoudre avant que nous ne tentions le départ.

– Quelques problèmes de sécurité à résoudre ? Alors résolvez, mes bons amis. Au bout de trois mille ans, nous n'en sommes pas à un jour près. Le plus urgent pour moi est de changer de corps. Celui-ci sent la poussière. Ensuite, j'explorerai un peu ce monde nouveau.

La géode s'assombrit autour du nouveau Luc Moreau de vingt ans confortablement étendu dans son fauteuil homéostatique. Il avait retrouvé sa jeunesse, et repris son occupation de toujours. Observer...

Il vit des centaines d'oumiaks à flotteurs où pagayaient des hommes et des femmes vêtus de parkas en peaux de morses. Ils convergaient vers une île artificielle faite de carcasses évidées de baleines se laissant porter sur les flots sombres d'une mer hérissée de glaçons : les tribus Vrelim des Tuamotu allaient célébrer le partage de la pêche sous un ciel d'étain. Il vit des milliers et des milliers de créatures au crâne rasé surgir de leurs terriers creusés dans une étroite vallée boueuse et remplir leurs paniers des champignons blancs nés de la pluie du crépuscule, principale nourriture des habitants de Yi Pin, en Chine. Il vit une troupe de cavaliers en casaques cloutées, brandissant torches et piques, traverser au galop un village aux rondes maisons de basalte et jeter en travers de l'encolure de leurs petits chevaux roux des femmes hurlantes en ponchos tissés : les soldats d'un seigneur de la guerre Chubut venant razzier un contingent de reproductrices en terre Cabron – une scène étrangement semblable à une autre, que le maître avait jadis pu observer en Mésopotamie, trente-six siècles avant l'ère chrétienne.

ZAP ! ZAP ! ZAP !

Il vit encore, au-dessus d'un monastère de pierres grises couronnant un massif montagneux crépi de glace, une montgolfière dirigée par un moine hilare en robe safran s'élever paresseusement vers une coulée d'or solaire que laissait s'épandre une tranchée ouverte dans les nuages. Il vit, dans un amphithéâtre de pisé construit à la périphérie d'une ville fortifiée établie sur plusieurs collines, vingt mille citoyens Balbat vêtus de laine de vives couleurs hurler, se chamailler, prendre des paris devant des combats de gladiateurs. Il vit une locomotive poussive, aux flancs de cuivre gonflés de tourbe, ahaner sur une voie tortueuse reliant deux bourgs de la terre de Baffin, au milieu de plantations de maïs cultivées par de petits hommes au teint aussi cuivré que la loco et coiffés de larges chapeaux de jonc tressé.

Le maître vit cela, et bien d'autres choses encore. Qui toutes témoignaient d'une même réalité, diverse et multiple, mais porteuse du même espoir : après trois mille ans de ténèbres glacées, les hommes recommençaient à vivre, à bâtir, à inventer. De nouvelles sociétés, de nouvelles cultures. En se battant parfois, bien sûr. Mais ils recommençaient. Au-dessus de leurs têtes, timidement, à partir de l'Arctique et de l'Antarctique, le ciel se libérait. Et le cycle des saisons, dans dix ans ou dans cinq cents, se remettrait en route, rythmant une nouvelle Histoire.

Restait l'ancienne. Avec ses horreurs et ses erreurs, ses beautés aussi. Neuf mille ans d'Histoire, recueillis, stockés, classés par la maison. Cette somme pouvait-elle rester ignorée ?

Non.

L'illumination jaillit le temps d'un battement de cœur, alors qu'il observait un être vêtu de peaux de bêtes tracer dans la glaise les caractères incertains d'une écriture balbutiante. Luc ignorait toujours quand et par qui avait été bâtie la maison. Mais, maintenant, il savait pourquoi.

9

Le monument se dressait au centre du vallon. Ce n'était pas une construction très impressionnante : seulement un cylindre de métal d'une dizaine de mètres de haut, doté d'arcs-boutants se rejoignant au-dessus d'un toit plat pour former une sorte de papillon d'acier aux ailes scintillantes. Au creux des ailes était nichée une batterie de projecteurs holographiques qui dessinaient à plus d'un kilomètre dans le ciel une aurore boréale changeante.

Le cylindre s'enfonçait sous la surface encore gelée de plus du double de sa hauteur émergée. Son accès était défendu par une porte coulissante, capable de résister à n'importe quel explosif, mais qui s'ouvrirait sans mal devant celui ou celle qui serait capable de lire les simples instructions gravées en son centre. Derrière la porte se trouvait une première salle, ou plutôt un hall d'exposition, comprenant de nombreux graphiques colorés et des panneaux couverts de photos du monde ancien. D'autres instructions, plus compliquées à saisir, donnaient accès à une seconde salle située sous la première. Et ainsi de suite. Pour accéder aux archives proprement dites, il était nécessaire de comprendre et de forcer des codes de plus en plus compliqués, un véritable labyrinthe électronique. Il ne fallait pas que les trésors contenus dans le cénotaphe tombent entre de mauvaises mains et soient détruits, volontairement ou par inadvertance, comme l'avait été, au cours des millénaires passés, le contenu inestimable des bibliothèques d'Alexandrie, de Byzance ou d'ailleurs...

Car c'était bien un trésor que protégeait la tour d'acier : rien moins que les connaissances des neuf mille et quelques années archivées par la maison depuis les toutes premières images collectées, en un jour bien lointain, dans une quelconque ville mésopotamienne. Toute sa mémoire, toute la mémoire du monde, accessible en films et en textes, les premiers imprimés sur pellicules, bandes magnétiques, mémoires électroniques, les seconds retranscrits dans les principales langues de l'humanité.

Des archives destinées aux savants, aux philosophes, aux historiens de la nouvelle renaissance en germe. Ceux en tout cas qui sauraient percer le secret du cénotaphe et viendraient y étudier. Dans quelques années, quelques siècles ? Peu importait. Seul comptait le fait que ce prolongement ultime de la maison puisse, un jour ou l'autre, remplir sa fonction.

Toute l'histoire du monde était là, à l'abri de la tour d'acier. Cette Histoire totale, avec ses leçons, servirait-elle à emplir les têtes du plomb de la sagesse, qui peut se transmuter en or ? Ceux qui la liraient sauraient-ils en tirer la leçon afin de ne pas refaire les erreurs qui avaient conduit au chaos ?

C'était un espoir à la fois dérisoire et fragile, mais qui méritait quand même qu'on y prête de l'intérêt. Les multiples automates engendrés par la maison, après en avoir fini avec l'anneau d'accélération des particules, avaient mis trois ans supplémentaires pour achever ce musée de l'humanité. Luc s'y était personnellement investi, plus que dans aucune autre tâche. Il avait eu l'illumination en voyant un pauvre hère dessiner maladroitement dans la boue des caractères destinés à marquer sa trace en ce monde. Lui, il pouvait marquer la sienne avec l'entière histoire de l'humanité – neuf mille ans d'Histoire, collectés par les yeux et archivés par la maison.

Était-ce là son but, alors ? La raison de son existence ? Traverser la fin du monde pour délivrer aux survivants, aux renaissants, tous les savoirs engrangés ? Cela n'avait aucun sens, à moins de supposer que la maison pût connaître le futur. Or rien dans sa mémoire, ni dans celle des robots, ne le laissait supposer. Peut-être alors tout n'était-il que hasard – un hasard subitement devenu nécessaire. La maison existait pour mettre l'Histoire en archives, soit. Et un événement était arrivé, qui donnait sens à cette activité aveugle, lui apportait sa raison d'être.

Luc s'était trouvé là, encore un hasard. Mais il avait senti que c'était son grand œuvre. Celui-ci achevé, il ne lui restait plus qu'à satisfaire sa dernière curiosité...

Un éclair fulgura à l'horizon, entre la plaine figée et le plafond bouché du ciel. L'éclair, prometteur d'un de ces orages brutaux qui témoignaient des turbulences imparfaitement apaisées du ciel, diffusa une irisation pâle dans le vallon, plaquant une fugitive couche de platine sur la tour d'acier. Puis le paysage retrouva sa tonalité crépusculaire.

Installé à sa place habituelle dans la géode, le maître plissa les paupières. Pas très loin, contre le flanc de la colline la plus proche, d'autres lueurs fantomatiques jouaient, permanentes celles-là : les feux d'un campement de chasseurs nomades. Luc les observait depuis plusieurs heures. Il s'agissait de rudes gaillards, vêtus de peaux d'ours, armés de harpons d'os et s'exprimant dans un sabir incompréhensible d'arabe et de diverses langues slaves. Peu de chances que ce soient eux qui aient l'honneur de pénétrer les premiers dans le cénotaphe ! Qui, alors, seraient les élus ? Peut-être les membres de cette étrange confrérie du Renouveau, qui venaient d'Italie et s'étaient établis deux siècles auparavant dans les hauteurs émergées de la capitale, tout autour des ruines du Sacré-Cœur. Eux s'exprimaient dans un latin abâtardi qui ressemblait curieusement à celui dont usait avec ses maîtres l'étudiant en médecine de 1439.

« Mais pourquoi poser toutes ces questions dont tu ne connaîtras pas les réponses ? » Luc Moreau fit craquer ses reins, ferma l'écran, quitta sa chambre à grands pas. Dans le couloir, une brume pelucheuse flottait. Ou plutôt de paresseux flocons lumineux, qui se dispersaient comme par magie quand il tendait la main pour tenter d'en saisir un.

« Qu'est-ce que c'est encore que ça ? Des particules temporelles en vadrouille ? » Peut-être. Le grand retour était imminent ; ce n'était plus qu'une question d'heures. Un ronronnement soutenu faisait vibrer toutes les structures de la maison, que brassait le flux neutronique venu des profondeurs. Luc se souvint avec amusement du jeune freluquet qu'il avait été, rôdant avec effroi dans les sous-sols, craignant de rencontrer le diable à chaque pas. Il n'avait pas tellement tort, ce jeune homme naïf ; le diable vous attend toujours au tournant. Par exemple, sous la forme d'un cataclysme ayant été bien près de renvoyer l'humanité au néant absolu.

Pour gagner l'ascenseur conduisant au niveau zéro, il dut traverser la salle où ses nouveaux clones, arrivés à maturité, flottaient dans leur conteneur transparent. Blêmes, paupières closes, ils avaient l'air de cadavres. Des cadavres qui n'avaient pas encore vécu. Luc frissonna alors que, dans la transparence du verre, son visage venait de se superposer à celui d'un de ses doubles. Ces dépouilles avaient beau être les garants de sa jeunesse éternelle, les voir ainsi lui procurait un malaise indéfinissable. Dans l'instant, il les aurait volontiers envoyées... au diable. C'est d'ailleurs ce qu'il avait fait avec les clones de Sarah. À ce souvenir, un regret aigu le traversa, comme s'il avait été atteint par une surcharge temporelle. Sarah était morte depuis trois mille ans. *Trois mille ans*. Cette idée l'avait poignardé au moment même où il avait appris la date de son réveil. Elle ne l'avait guère quitté depuis, malgré ses efforts pour la rejeter.

L'air lui manqua, la tourmente neigeuse l'enveloppa. Sa tête tournait, il faillit tomber. Il plaqua ses paumes contre le verre froid du conteneur, comme s'il avait voulu chercher secours auprès du clone. Dans son bain opalescent, la tête sans vie s'inclina légèrement, lui communiquant son approbation discrète. Il s'en détourna, s'efforça de reprendre sa respiration. Il haletait. La pression du temps devenait de plus en plus palpable. Il avait été stupide de s'attarder devant la fenêtre. Le monde de l'an 5000 et quelques ne lui appartenait plus, il devait se mettre à l'abri. La maison allait plonger. Elle allait retrouver ses origines ; Luc allait rencontrer son constructeur. Et il saurait. C'est en tout cas ce qu'il espérait.

Il ne pouvait plus attendre. Il s'extirpa du sarcophage, puis se leva, vacillant. Ses tempes étaient douloureuses, ses tympans vibraient. Qu'avait dit le chaudron ? *« Nos composants intimes baignent dans le flux temporel. »* Ou quelque chose de ce genre. Il pouvait en tout cas constater que le bain devenait de plus en plus épais, son eau de plus en plus irrespirable.

Il s'engouffra dans l'ascenseur. Quand il en émergea, 01 et 02 l'attendaient. La vaste caverne contenant l'anneau, le générateur à fusion et l'imbroglio du modulateur temporel était plongée dans une pénombre inhabituelle, ce qui ne rendait que plus aveuglants les éclairs continuels qui la fouettaient. Le bruit était si assourdissant que, pour se faire entendre, 02 dut pousser de plusieurs décibels la puissance de son extension vocale :

– Nous sommes prêts, maître. La charge est à son maximum admissible. Quand je libérerai l'énergie rétrotemporelle, nous pouvons craindre une perturbation locale de l'espace-temps, qui va se traduire par un choc en retour risquant d'endommager superficiellement les structures...

– Ce qui veut dire ?

– Que la maison pourrait y laisser des plumes...

– Des plumes ?

– Bah ! Qui ne risque rien n'a rien, n'est-ce pas ? Aussi avons-nous préféré vous aménager un abri qui vous protégera pendant la translation. Ici... venez... Le temps presse, si je peux dire.

Luc se glissa dans un habitacle étroit collé au modulateur et ressemblant fort à un caisson d'hibernation. Il prit place dans une sorte de fauteuil d'astronaute, dont les sangles se refermèrent automatiquement sur ses jambes et son buste. Par la trappe située au-dessus de sa tête, le heaume argenté de 01 et le sommet du chaudron doré de 02 apparurent.

– Combien de temps va durer la plongée ? demanda-t-il encore.

– Aucune durée mesurable, répondit le chaudron. La translation sera instantanée dans l'univers physique. Il se peut cependant que votre appréhension subjective du voyage soit quelque peu différente.

– Tu peux être plus précis ? hurla Luc dans l'intense vibration qui secouait l'univers.

Mais les robots n'entendirent pas, ou firent semblant. La trappe se referma. Une lueur laiteuse, qui n'avait pas d'origine visible, naquit dans l'habitacle. Luc se prépara au choc, les mains crispées sur les accoudoirs de son siège. Mais rien ne se passa. Qu'avait voulu dire 02 en prétendant que la maison pouvait y laisser des plumes ? Était-ce un avertissement voilé ? Une prédiction de mauvais augure ? Et si lui y laissait un peu plus que des plumes ? Et s'il y laissait la vie, tout simplement ?

La maison avait rempli son but : léguer la mémoire du monde ancien à ses héritiers. Elle pouvait tout aussi bien disparaître, et lui avec. Avec ce projet fou de plongée en arrière dans le temps, peut-être avait-il conçu sans le vouloir l'instrument de sa propre disparition, au sein d'une gigantesque explosion temporelle. Peut-être les robots le savaient-ils, sans songer à l'en avertir, parce qu'ils ne pouvaient que lui obéir. Ou parce que cette fin possible faisait partie d'un plan inscrit par le premier maître dans les données de la maison.

Luc se crispa plus encore. Puis il relâcha ses muscles. Il ne sentait plus son corps, il flottait dans la lumière blanche, dans cette mélasse de plus en plus dense qui colmatait sa bouche et ses narines, qui se moulait sur son visage et pesait sur son crâne, qui pénétrait ses yeux grands ouverts, s'insinuait dans son esprit comme une armée de vers blancs grignotant un fruit blet. Bientôt, il ne fut plus qu'un nœud de sensations aussi embrouillées que les fils d'une pelote de laine sous les griffes d'un chat, la proie d'images fugaces qui le traversaient de part en part, d'une houle indissociable de cris et de chuchotements. Les chasseurs au creux du vallon, les cavaliers hurlants aux casaques de cuir, pareillement emportés par des tornades plus puissantes que cent mille explosions nucléaires ; la pluie sans limite, des bandes côtières rongées par les eaux sous un ciel de poix, une falaise de glace qui s'émiettait dans les cris des mouettes ; une mère éléphant hachée par les balles, Sarah qui souriait, corps dansant, les camps de la mort aux cheminées fumantes, les gaz envahissant un champ de bataille de 1914-1918.

Tout se mêlait, tout s'accumulait, vite, de plus en plus vite, dans la giration éperdue de la pelote qui se dévidait. François Ier à Marignan, Jeanne à la tête de ses chevaliers, des légionnaires romains disparus aussitôt aperçus, encore des cavaliers et encore des guerriers s'étripant dans un combat éternel que de sombres forêts recouvrirent peu à peu de leur miséricorde. Puis le fil cassa net.

À moins que la bobine ne fût arrivée à sa fin. Il n'y avait plus sous le crâne de Luc Moreau qu'un murmure confus, une mer étale et sans couleur, qui s'assombrit jusqu'à la plus totale des obscurités. Ses pensées comme sa mémoire s'évanouirent, ne demeurèrent qu'une douleur diffuse, et un cri contenu tournoyant follement dans la bourrasque immobile de son esprit.

À l'extrémité du vallon, un éclair plus intense qu'un soleil tombé fulgura, rendant momentanément aveugles les rares chasseurs blottis autour de leur feu qui avaient le regard tourné dans cette direction. Lorsque l'éclair se dissipa, la maison avait disparu. Elle s'était évanouie, ne laissant dans la terre gelée que son empreinte : un rectangle de terre sèche et nue sur lequel neigeaient encore des flocons de lumière pure.

Non loin de l'endroit où elle s'était élevée, la tour d'acier était restée intacte. À son sommet, le papillon lumineux, ailes ouvertes, lançait vers le ciel bouché un poudroiement multicolore.

C'était vers lui maintenant que se tournaient les regards.

Cinquième partie
LE FANTÔME

1

Prostré dans son habitacle, Luc Moreau tremblait.

Il tremblait de tout son être, de toute sa chair, jusque dans ses plus intimes composants. Quelque part dans son cerveau en miettes, une voix susurra : « Jusqu'au quark. »

Pendant un temps indéterminé, il demeura la victime impuissante de cette danse brownienne. Puis, peu à peu, il parvint à se rassembler, à reprendre son souffle, ses esprits. Au moins, il se souvenait de son identité. Luc Moreau, étudiant en médecine en la faculté de... Mais non ! Luc Moreau, maître de la maison du temps.

Des images confuses flottaient dans la soupe de sa mémoire. Une charge de cavaliers, une falaise de glace qui s'effondrait, des cheminées d'usine surplombant un camp, une pluie interminable. Les images fondirent avant qu'il ait pu leur donner une signification.

Il ouvrit les yeux. Mais peut-être les avait-il ouverts depuis plusieurs secondes, ou plusieurs minutes. Ce qui était sûr, c'est qu'il baignait dans une obscurité presque complète, fendue juste par un mince liseré de lumière au-dessus de sa tête. Il voulut tendre la main vers ce filet de clarté, mais un tiraillement au niveau du poignet l'en empêcha. Il était attaché. Cette simple constatation emplit presque instantanément son esprit de tout ce qu'il avait oublié. Ce fut comme une vanne qui s'ouvre. L'habitacle de protection, la plongée en arrière dans le temps, la sensation de se noyer dans un bain d'images, une marée d'Histoire.

Il secoua la tête, lourde d'un mal imprécis qui lui comprimait le cerveau. « Voyons... résumons : tu as fait le plongeon, tu viens d'émerger, tu es arrivé. Tu as survécu. Intact, apparemment. Cela veut-il dire que la maison a rejoint son commencement ? Et que tu vas enfin connaître la réponse à toutes tes questions ? »

Il se démena, parvint à faire sauter une à une les sangles de sécurité qui le maintenaient lié à son siège. Debout, il se prit la tête entre ses paumes, tellement elle tournait – un manège en folie, les derniers tours de la toupie du temps. Il glissa une main dans la rainure de clarté, poussa. La trappe coulissa, une nappe de lumière, grise mais extraordinairement intense, se répandit dans le caisson. Clignant les paupières, maudissant les robots, qui auraient dû être là pour l'aider, il joua des muscles pour s'extirper du puisard.

Ses pieds sonnèrent sur le treillis métallique qui tenait lieu de plancher. La lumière était si vive que des larmes perlèrent aux coins de ses yeux. Il les étala sur ses joues d'un geste agacé. Quelque chose n'allait pas. L'habitacle de protection ne se trouvait plus à trois cents pieds sous terre mais à l'extérieur, sous le ciel nu, bouché mais translucide. D'accord. Il avait quitté l'an 5000, il avait atterri dans le passé. Restait à savoir quand.

C'est à ce point de ses réflexions confuses qu'une voix bien reconnaissable jaillit sous ses pieds. 02 :

– Maître ! Que je suis heureux de vous retrouver. Nous nous apprêtions justement à venir voir si vous aviez repris connaissance...

Luc hésita entre le sourire et la colère. Mais ce qu'il aperçut en se penchant lui coupa le souffle.

Les deux robots se trouvaient à environ trois mètres en contrebas, sur une plate-forme déchiquetée où s'enfonçait le lourd cylindre du générateur et la structure du modulateur temporel, dont les circuits de surface étaient tronçonnés ou brûlés en de nombreux endroits. Un tripode gracile de poutrelles lâchement arrimées sur le pourtour de la plate-forme soutenait l'ensemble. Bouche bée, Luc contempla de bas en haut l'araignée géante perchée sur trois pattes, au sommet de laquelle il s'agrippait.

Qu'était-il arrivé ? La question ne méritait même pas d'être posée. La réponse était sous ses yeux. Il ne restait rien de la maison. Au bout de son voyage temporel, elle avait explosé, elle s'était crashée, comme un vulgaire avion en panne de carburant.

Le maître entreprit de descendre l'escalier en colimaçon enroulé autour du mât central. Chacun de ses pas mal assurés faisait grincer les marches métalliques. Dans le silence ouaté, le bruit avait quelque chose de surréel. Il prit pied sur la plate-forme, renifla. L'atmosphère était gorgée d'indéfinissables remugles de pourriture végétale. Il fit un grand geste circulaire.

– Nous en sommes là, articula-t-il en trouvant difficilement ses mots. C'est tout ce qui reste...

– De la maison, oui, hélas ! modula 01 avec une de ses ridicules courbettes. Le choc de départ, confondu au demeurant avec le choc d'arrivée, a été bien trop violent pour que les superstructures tiennent le coup. Seul le cœur a résisté. C'est-à-dire le générateur et le modulateur temporel, encore que ce dernier nous semble en assez mauvais état. Même de l'anneau d'accélération il ne reste plus rien.

– N'est-ce pas ce que vous aviez prédit ? La maison devait y laisser des plumes... Seulement ce ne sont pas des plumes que nous avons perdues. C'est tout le plumage ! Et la chair ! Il ne reste que le squelette, oui !

Le maître pressa une fois encore les paumes contre ses yeux. S'énerver ne servait à rien. Lourdement, il gagna le bord de la plate-forme, qui butait sur un banc de terre boueuse où s'enracinaient de hautes fougères. Et il s'efforça au calme, laissant son regard errer sur le panorama qui cernait les ruines métalliques. Jusqu'alors, il n'avait même pas songé à l'observer avec attention ; maintenant, il lui fallait l'affronter.

Sous le ciel d'un gris si étincelant qu'il semblait n'être qu'une seule couche d'argent tendue, sous cette plaque réverbérant une chaleur moite bouffie d'humidité croupie, une plaine infinie s'étendait. Ocre et vert tendre, creusée de marais innombrables, elle était plantée de hauts arbres, dont les troncs grêles étaient couronnés au sommet d'un bouquet de feuilles en plumet. C'était un paysage étrangement calme que ne balayait pas le moindre souffle de vent, où on n'entendait aucun chant d'oiseau. Des exhalaisons fortes – végétaux en décomposition, bois moisi, acidité alcaline – montaient de ce désert détrempé.

Le maître passa la main sur ses joues. Il les retira luisantes de sueur grasse. Sa combinaison noire lui collait à la peau, il l'ouvrit jusqu'à la taille en arrachant la fermeture adhésive. La question qui lui rongeait le cerveau entre les élancements de la migraine, il fallait bien qu'il la pose.

– Où sommes-nous, mes bons amis ?

– Où sommes-nous ? répéta docilement 02 dans son dos.

– Tu m'as fort bien compris, chaudron. Nous devions rejoindre le moment où la maison avait été construite. On dirait que nous avons été bombardés par un missile nucléaire. Alors, je reformule : *quand* sommes-nous ?

– Eh bien... dans les circonstances actuelles, il me serait difficile de vous donner une date précise. Mais si je me fie à cette végétation... Vous voyez ces arbres ? Ce ne sont pas véritablement des arbres, d'ailleurs. Plutôt des herbes géantes, des lycopodes, qui vivent les pieds dans l'eau, comme les fougères. Des plantes très caractéristiques. Vous remarquez ces troncs sans écorce ? Et ce bosquet, là, à droite, avec ces palmes qui ressemblent à des plumes d'autruche ? Il est composé de sigillaires. C'est une plante très commune à... au...

– Fais-moi grâce de tes cours de botanique, chaudron ! *Quelle époque ?*

– J'y viens, maître, j'y viens... Mais, si je pouvais attendre que la nuit tombe, et que cette couche nuageuse se déchire, je pourrais effectuer des calculs basés sur la position des étoiles... Oui, oui, maître, je ne me dérobe point. En analysant ce paysage, et en tenant compte que, si nous avons changé de temps, nous n'avons pas bougé de place, il est évident que nous nous trouvons au milieu des marais couvrant la pointe ouest de ce qui sera l'Europe au carbonifère moyen. Ou peut-être au carbonifère supérieur, dit aussi ouralien.

– Ce qui fait ?

La voix du maître était moins qu'un murmure.

– Très grossièrement, entre deux cent trente et deux cent quarante millions d'années en deçà de notre point de départ.

Hautes et claires, les flammes montaient dans la nuit. En l'absence de vent, la fumée produite par la combustion des végétaux humides et poreux filait de manière parfaitement rectiligne vers le ciel bouché. Attirés par cette luminescence inconnue, de nombreux insectes volants grésillaient autour du foyer. Une sarabande incessante, incongrue et vaguement effrayante : en particulier, ces grosses libellules à l'abdomen tigré de noir et d'orange, dont l'envergure frôlait le mètre.

Mais l'homme assis près du feu entre ses deux compagnons métalliques ignorait la curiosité des créatures volantes. Le menton dans la main, il fixait le cœur jaune citron du feu, cette palpitation hypnotique. 01 avait dégagé, grâce à des prothèses pleines de lames et de dents fixées à ses membres supérieurs, un large rectangle de terrain en bordure de la maison. Ou de ce qui en restait. Ensuite, il avait assemblé un bûcher, et y avait mis le feu avec un brûleur laser branché sur le réacteur, toujours en fonction.

– Quand vous dormirez, maître, je dresserai une barrière à décharges de contact. Mais je ne pense pas que nous ayons grand-chose à craindre des animaux de cette époque.

– C'est l'évidence même, pontifia 02. Le carbonifère ne connaît qu'une vie terrestre embryonnaire. Mis à part les insectes, nous n'aurons affaire qu'à des amphibiens lourdauds, qui sont d'ailleurs insectivores pour la plupart. Les seuls carnivores dangereux sont des animaux marins. Quant aux grands dinosaures, ils n'apparaîtront que dans cinquante millions d'années...

Luc Moreau hocha la tête avec lassitude. Il n'avait pas le cœur à écouter les élucubrations de 02. Un chiffre, un seul, dansait dans son esprit. LE chiffre. Deux cent quarante. Millions. D'années. Les robots s'étaient montrés incapables de lui préciser les raisons de cet emballement. Des sécurités automatiques auraient dû freiner la course de la maison. Il n'en avait rien été. Elle avait bondi en arrière pour parcourir cette incroyable distance temporelle jusqu'à ce que, l'énergie de l'anneau épuisé, elle se crashe dans le marais carbonifère. À une période géologique où l'homme faisait partie d'un futur si lointain qu'il ne figurait même pas dans les gènes des batraciens pesants évoqués par 02.

Lui et les deux robots étaient les naufragés de la plus isolée des îles désertes. Une île qui ne se situait pas dans l'espace, mais dans le temps. Ils étaient perdus. Ils étaient perdus parce qu'ils avaient tout perdu. C'était aussi simple que cela.

Luc sursauta quand une voix bien huilée perça les brumes où il s'enfonçait.

– Maître... maître ?

Du bout d'un de ses appendices surnuméraires, 01 lui tendait un morceau de viande grillée. Luc avança machinalement les doigts, se brûla, jura à mi-voix.

– Laisse-moi, grommela-t-il. Je n'ai pas faim.

– Je vous assure, Luc, il faut manger. Il faut conserver vos forces. Et ce cuissot de salamandre cuit à point doit être excellent, j'en donnerais ma main à couper.

Luc se surprit à sourire. Le robot l'avait appelé par son prénom ? « C'est nouveau, ça. Il est vrai que tu n'es plus maître de rien du tout. À supposer que tu l'aies été de quelque chose. Une bonne leçon. » Il se pencha, ramassa un fragment de roseau, y piqua le morceau de viande, qu'il porta précautionneusement à ses lèvres. La chair de la salamandre, une bête de près de deux mètres que 01 avait abattue avec son laser, était fade et trop grasse. Mais c'était mangeable. Alors, Luc mangea. Le robot avait raison ; s'il voulait survivre, il devait se nourrir. De ce qu'on trouvait sur place. Parce que les réserves inépuisables de la maison avaient été emportées avec le reste.

Ensuite, il se désaltéra avec de l'eau bouillie d'un marigot proche. « À ça aussi, tu devras te faire. Eau croupie, viande de salamandre : voilà de quoi sera composé ton ordinaire désormais. » Il soupira, cracha discrètement entre ses jambes. Il avait senti qu'il était près de vomir. Son estomac n'était pas aussi philosophe que lui.

À sa droite, 01 se laissait caresser par les flammes, semblant s'y complaire. Sauf qu'un robot ne ressent ni le chaud ni le froid. Ce n'était qu'une pose, adoptée pour le confort mental de Luc, lui donnant l'illusion d'une compagnie humaine. À sa gauche, 02 faisait de même, bien qu'il fût plus difficile au chaudron de prendre une attitude alanguie. Le feu lustrait son chapeau de cuivre, la machine sans visage paraissait plongée dans un abîme de réflexions primordiales, gnome sans membres, coiffé d'une collerette de champignon géant, et dont l'absence de traits exprimait une perplexité rêveuse.

Luc se sentit soudain empli d'une chaleureuse gratitude envers les deux êtres de métal. Que serait-il devenu, sans eux ? Et dire qu'il les avait tant de fois rudoyés ! Il se jura de ne plus jamais s'emporter. Ou au moins d'essayer. Et c'est d'un ton calme et apaisé qu'il posa quelques questions indispensables.

– Ça va mieux, maintenant, mes bons amis. Je crois avoir récupéré. Alors, il faut tout me dire. Quelles plumes exactement avons-nous laissées en route ?

Ce fut 02 qui, à son habitude, se chargea de la réponse.

– En premier lieu, les yeux et la banque de mémoire. Ensuite, les conteneurs de cryogénisation. Et vos clones, naturellement.

– Naturellement. Que nous reste-t-il ?

– Vous le savez bien, Luc. Le générateur à fusion a par miracle résisté. Même s'il ne fonctionne plus qu'au centième de sa puissance. Quant au modulateur temporel, l'explosion l'a fortement détérioré. Il nous faudra du temps pour...

– Mais du temps, nous en avons, pas vrai ? Tout le temps nécessaire. Dès demain, il faudra vous remuer ce qui vous sert de fesses et réactiver ce qui vous sert de cervelle pour nous tirer de là.

– Nous tirer de là ?

– Que voudrais-tu que nous fassions ? Que nous attendions la mort et la rouille ? Nous devons repartir en avant. Regagner notre époque. Ou plutôt, non : celle que nous avions pour but d'atteindre. Les débuts de la maison. Elle ne date pas du carbonifère, n'est-ce pas ? Ce que nous n'avons pas trouvé en plongeant en arrière, on peut le rejoindre en repartant en avant. Vous n'auriez pas une petite idée à ce sujet, par hasard, dans votre tête de fer ?

Le poing de Luc sonna sur la calotte de cuivre, une familiarité qu'il n'avait pas manifestée depuis bien longtemps.

– Dans les circonstances actuelles, il est impossible de répondre. La banque de mémoire de la maison a disparu. Nous n'avons gardé que nos connaissances basiques, notre programmation scientifique. Ce qui nous permettrait sans doute de réactiver le générateur et de remettre en état le modulateur. Nous manquons cependant gravement de matières premières...

– Allons... Réfléchissons un peu. Il doit y avoir du minerai brut, quelque part dans le sous-sol de ce foutu carbonifère ! Il est donc possible de le détecter, de l'extraire, de le raffiner, de le façonner. Et de reconstruire ce qui a été détruit. En tout cas, ce dont tu as conservé les plans sous ton chapeau de fer.

Pour une fois, le robot demeura longtemps silencieux. Luc le vit se dandiner, tandis que le heaume aux trois yeux de 01 se tournait vers lui ; à croire que les deux robots échangeaient d'inaudibles secrets. Quand 02 sortit de son mutisme, sa voix avait des inflexions inhabituelles, d'une gravité bien éloignée de toute suffisance.

– Je crois que nous allons essayer, maître. Mais...

Le robot s'interrompit, le menu grésillement qui s'échappait de sa calotte cuivrée parut s'intensifier. Les mots qu'il prononça par la suite se gravèrent dans l'esprit de Luc Moreau :

– Mais j'ai peur que cela soit long. Très long...

2

La foudre scintilla à l'horizon, fil dentelé d'un bleu phosphorescent qui trancha les nuées orange du crépuscule. Le tonnerre suivit avec quelques secondes de retard, roulement ininterrompu de tambours battant la charge sur les indécises frontières du monde. Puis la pluie déborda du vase à l'envers suspendu au-dessus de la Terre. Une pluie torrentielle, dont le crépitement évoquait des millions de semelles d'acier talonnant une passerelle. Les lances verticales s'acharnaient sur le sol, ce ventre mou immédiatement dégorgeant. Dérangées, des bêtes rampantes se dégageaient de la fange et dressaient vers le ciel des têtes épineuses, des becs cornés, de grands yeux sans paupières, où se lisait une interrogation muette.

Il plut pendant deux jours sans interruption. C'était loin d'être la première fois depuis que l'araignée de ferraille avait atterri au carbonifère. Cela faisait... des semaines? « Tu rigoles, mon vieux... Des mois, bien sûr. » Et ces mois interminables n'avaient-ils pas commencé à s'assembler en années? Assis sous l'auvent de fortune fait de palmes liées, qui protégeait désormais la plate-forme, Luc Moreau préférait ne pas compter. À une centaine de pas, une machine désarticulée plongeait son groin à l'intérieur d'un puits creusé dans la fondrière sans cesse comblée par la boue. Elle forait le sol, à la recherche du minerai que le sonar bricolé par 01 avait détecté. Il fallait maintenant l'extraire et le raffiner, pour fabriquer d'autres machines, qui à leur tour fabriqueraient des machines plus complexes, qui elles-mêmes...

Luc grimaça, se pinça le coude à l'endroit où une douleur due à l'humidité permanente avait commencé à attaquer ses articulations. Ça aussi, il fallait faire avec. Sans clones à sa disposition, il ne pouvait plus changer de corps comme de chemise. En fait de chemise d'ailleurs, il n'avait que celle qu'il portait sur le dos...

Une grappe d'éclairs violets déchira l'horizon. Presque aussitôt, la pluie revint. Luc n'avait qu'à attendre la fin du déluge, et un assèchement provisoire de la plaine, pour renouer avec une habitude qui lui était devenue indispensable : ses promenades.

L'animal sauta du rocher surélevé où il s'était tenu embusqué.

Il était tôt, l'aube venait tout juste de se dégager de la gangue poisseuse de la nuit. Le maître aimait cette heure indécise. Il marchait d'un bon pas à travers les dunes aplaties de cette étendue sans limites visibles qui serait plus tard, bien plus tard, le bassin parisien. Il sifflotait un air des Beatles, sur lequel il avait improvisé des vers de son cru, fouettant machinalement de sa canne-épée les fougères dressées en travers de son chemin.

Marcher, le plus loin possible, le plus longtemps possible, était l'unique remède qu'il avait su trouver pour lutter contre l'insupportable monotonie des jours qui s'enchaînaient les uns aux autres. Les machines se chargeaient de tout le travail, et il avait fini par se lasser de rôder dans le chantier qui s'élargissait sans cesse. Et puis, marcher, c'était aussi un moyen de garder la forme.

01, qui, par mesure de précaution, l'accompagnait toujours, cheminait à une dizaine de pas derrière lui. Un ordre exprès du maître, qui, n'ayant pu obtenir de s'écarter seul de la base, tenait à garder l'illusion de se promener sans ange gardien.

Les pattes avant de l'animal le heurtèrent dans le dos, un choc d'autant plus violent qu'il était imprévu. Il tomba sur le côté, avec l'impression d'avoir reçu un tronc d'arbre sur les reins. Il cria, eut la vision fugitive d'une masse allongée, renflée en son centre, gris verdâtre, et de deux yeux orangés à demi dissimulés sous des arcades osseuses. Une gueule de molosse s'ouvrit au-dessus de son visage, hérissée de gigantesques canines recourbées comme des sabres.

Il roula sur le flanc, sa canne lui échappa. Une vague de puanteur organique le submergea. Il ferma les yeux. Il pensa : « Tu es mort. » Un grasseyement caverneux le poussa à rouvrir les paupières. « Et alors, tu as survécu ? Ça m'en a tout l'air... » L'animal qui l'avait attaqué se tordait sur le sol non loin de lui, ses pattes torses aux griffes émoussées battant l'air et la boue. Ces mouvements tétaniques cessèrent quand la grosse tête canine se fut proprement détachée du tronc, coupée par le fil rubis du laser de poing de 01.

– Merci, vieux frère..., souffla Luc tandis que le robot l'aidait à se relever avec les pinces prolongeant son bras gauche.

Mais la promenade avait tourné court. Le maître, sans vouloir l'avouer à son compagnon, avait éprouvé la peur de sa vie. Et la chanson ne revint pas sur ses lèvres sur le chemin du retour, qu'il parcourut en clopinant, la main pressée contre son flanc douloureux.

– C'était un sauroctonus, fit gravement 02 lorsqu'il se fut fait décrire la bête qui avait attaqué.

– Vraiment, vieille ferraille ? jeta Luc, qui, malgré ses serments, ne parvenait pas toujours à contenir ses accès d'agressivité, qui le submergeaient de plus en plus souvent. Je croyais que la région n'était peuplée que d'insectivores...

– Oh ! mais ce mamalien primitif a dû vous prendre pour un insecte particulièrement appétissant. Cela dit, peut-être serait-il plus prudent que vous mettiez fin à vos vagabondages ?

Le maître fusilla des yeux la face argentée. Cela, il n'en était pas question.

L'éclair fulgura. Mais, cette fois, ce n'était pas dans les cieux qu'il était né. C'était en plein centre de sa poitrine, doublé d'une douleur aussi subite qu'insupportable.

Luc ouvrit la bouche pour crier, ou simplement respirer. Aucun souffle d'air ne vint soulager ses poumons. Son regard chavira, se perdit dans une tempête de caillots écarlates. Lui aussi chavirait. Le sol l'attirait, l'aspirait ; il tomba avec lourdeur. Comme il était tombé quand le sauroctonus l'avait attaqué. À part que la bête qui venait de l'assaillir se trouvait à l'intérieur de lui, à l'endroit exact de son cœur palpitant.

L'océan rouge s'assombrit, les caillots devinrent météorites de charbon. L'horrible douleur continuait à lui cisailler la poitrine, d'où montait un bruit sourd et irrégulier qui irradiait jusqu'au centre de sa tête. « Togloc... to... gloc... To... » Son cœur. Qui battait. Ou qui essayait de battre, s'arrêtait, repartait, n'en pouvait plus.

« Ça y est, cette fois. Ce que tu as si longtemps attendu est en train d'arriver. Tu vas mourir. Ton vieux cœur te lâche. Maintenant. Sur cette plaine inondée, à deux cent quarante millions d'années de chez toi... » Il voulut protester, mais la douleur suffocante noyait tout. L'essaim charbonneux devant ses yeux s'était encore épaissi, jusqu'à se condenser en une obscurité d'encre, où une tache vermillon palpitait encore. Le mourant ne voyait plus rien que ce point rouge, cette tête d'épingle fixée au centre de son cœur.

Puis cette ultime couleur, cette dernière douleur s'éteignit.

Il ouvrit les yeux.

Dieu le regardait.

Rayonnant de lumière d'or, le Seigneur penchait sur lui son visage indescriptible. Le jour du Jugement était arrivé. Luc murmura :

« Seigneur tout-puissant... Prenez-moi en votre sainte garde et veuillez pardonner mes péchés... »

Sans doute aurait-il pu ajouter : surtout mes péchés d'orgueil et de suffisance, car à mon tour j'ai goûté aux fruits défendus de l'arbre de la science, et j'en ai été justement puni...

Mais il ne le fit pas. Avait-il seulement prononcé un quelconque acte de contrition ? Il n'en était plus certain. Quelque chose n'allait pas. Il se frotta les yeux. « Ah bon ? Tu as des mains, des yeux ? Tu n'es pas un pur esprit, alors. »

Il inspira une gorgée d'air au goût de douleur. La lumière d'or se dissipa en partie. Ne demeurait que l'indicible dôme penché vers lui, la prétendue Divine Face. D'où une voix tomba enfin :

– Vous êtes réveillé, maître ! Comme j'en suis heureux... Comme nous en sommes heureux. Vous aviez, si je peux me permettre, un pied dans la tombe. Mais 01 vous a ramené à temps, et vous voilà tiré d'affaire. Dans quelques jours, il n'y paraîtra plus.

Luc secoua la tête, tenta de s'appuyer sur les coudes pour se redresser. Ses pensées reprenaient forme. Une fois encore, il avait échappé à la faucheuse. Et la voix venant des nues n'était pas celle du Seigneur, seulement le bavardage habituel de 02, dont la calotte de cuivre occultait son champ de vision, pauvre face d'un dieu de remplacement.

Dans sa poitrine, à l'endroit où l'éclair de sang avait frappé, il ne ressentait plus de douleur, seulement un vague chatouillement. Il força sur ses muscles, se redressa, s'assit.

– Que m'est-il arrivé ? Je ne me souviens de rien.

– Un simple infarctus, maître, se hâta de répondre 01. Cette malheureuse attaque cardiaque s'est produite au cours de votre dernière promenade. À sept kilomètres de la base ! J'étais là, bien sûr. Je vous ai ramené ici à la vitesse accélérée. D'un point de vue purement mécanique, si je peux me permettre, vous étiez effectivement mort. Mais...

– Mais vos cellules cérébrales n'ont pas eu le temps de se détériorer, enchaîna 02. Je vous ai branché sur une pompe de secours alimentée par mon énergie personnelle. Votre circulation sanguine et l'oxygénation du cerveau ont ainsi pu être assurées pendant que 01 fabriquait un organe de remplacement.

– Un organe de remplacement ?

– Votre cœur était hors d'usage, vous savez. Mais je vous assure que la prothèse de tungstène que nous vous avons greffée est beaucoup plus efficace et résistante que le muscle cardiaque biologique que nous avons mis... heu... au rebut.

– Au rebut, hein ? Vous avez jeté mon cœur aux salamandres, oui ! Mais peu importe. Ce que je ne comprends pas, c'est comment cela a pu m'arriver. Ne suis-je pas... n'étais-je pas en excellente santé ?

– Certes, grommela 02 d'un ton peu convaincu. Vous n'ignorez pas néanmoins que les clones sont fragiles. Que celui que vous habitez ait tenu tout ce temps est déjà en soi un miracle...

– Tout ce temps ? J'avoue que je ne me souviens plus... Je perds le fil des dates. Depuis combien de temps sommes-nous ici ? Ou plutôt... quel âge a mon corps ?

Cette fois, 02 ne fit pas semblant de réfléchir à la réponse. Au contraire, celle-ci fut immédiate :

– Cinquante-trois ans, cent trente-sept jours, deux heures et vingt-huit minutes.

Le chiffre laissa Luc sans voix. Il aurait voulu crier : « Impossible ! Tu dois te tromper ! » Il ne le fit pas. Les robots *ne pouvaient pas* se tromper. La vérité était là : le temps avait passé, il avait déferlé sans qu'il le compte. Il aurait juré que quelques années seulement s'étaient écoulées depuis le crash dans l'ouralien. Or ce n'étaient pas quelques années, mais c'étaient près de trois décennies.

Il digéra l'information, puis fit un geste las :

– Allez-vous-en, maintenant. Je veux rester seul...

Le maître se laissa retomber en arrière sur la couche, qui se creusa sous son poids. Dociles, les robots quittèrent la pièce. Car Luc bénéficiait maintenant d'une vraie chambre, certes austère et blanche, mais très semblable à celle dans laquelle le fugitif de 1439 s'était réveillé le premier matin.

Pas de doute, les robots avaient bien travaillé. Ils ne faisaient même que cela depuis... oui, oui, *trente ans*. Le minerai de fer avait été extrait, raffiné. Et le cuivre nécessaire à fabriquer certains filaments, et le cilice et la potasse pour le verre, et bien d'autres matières premières encore. Peu à peu, autour du squelette métallique, un bâtiment solide s'était reconstitué, de façon purement fonctionnelle au départ. Cet ensemble disparate ne constituait pas encore une maison, LA maison. Seulement un empilement de caissons servant de laboratoires et d'ateliers de fabrication. Mais c'était un début. La pile, dont le combustible n'était rien d'autre que de l'eau, fonctionnait de manière satisfaisante et pourvoyait à tous les besoins d'énergie. Le modulateur temporel, selon 02, était en bonne voie. Le problème, c'est qu'il n'existait aucune possibilité de créer de nouveaux clones, les informations nécessaires s'étant envolées avec la banque de mémoire.

Luc s'agita sur sa couche. *« Allez, lève-toi ! Rester allongé ne te sert à rien, sinon à rendre plus pesant ton sentiment d'impuissance. »* Il le fit, alla s'accouder à la fenêtre – une fenêtre tout à fait ordinaire – ouverte sur le marais. Dans les tranchées entourant la maison sur plusieurs centaines de mètres, de nombreuses machines robots s'activaient poussivement. Des machines grossières, périssables, construites sans aucun souci d'esthétique et qui semblaient constituées de boîtes de conserve cabossées, hérissées de pinces de crabe. Régulièrement, elles étaient mises en pièces pour servir à fabriquer d'autres machines.

Là-bas, près d'une forge qui projetait des étincelles bleues dans le velouté du soir montant, 01 se démenait, traînant derrière lui un long câble d'alimentation relié au générateur principal et qui lui faisait comme une queue de rat. Une sorte de taupe se faufilait dans un puits aux parois éboulées, parasite aveugle cherchant sa pitance dans la terre détrempée. Il fallait du métal, encore du métal. Au-dessus de ce spectacle mille fois observé, des nuées anthracite s'accumulaient, présageant un orage.

3

Il crut mourir, déchiré par des crocs d'acier lacérant sa poitrine comme autant de stalactites de glace, bombardé par des météores de charbon gros comme des collines, étouffé par des algues vivaces qui s'étaient enfoncées par sa bouche et son nez jusqu'au fond de ses viscères.

Mais ce n'était qu'une fois de plus...

Il hurla et hurla encore sous l'assaut de la douleur. En silence, car il n'avait plus de bouche pour le faire. Et plus de corps pour ressentir quoi que ce soit. Pourtant, la douleur persistait, seule réalité de l'espace-temps traversé. Son corps absent, retourné de l'intérieur comme un volume topologique, s'enfonça à la vitesse de la lumière dans un gouffre aussi profond que mille trous noirs emboîtés, un tunnel aux dimensions de l'univers.

Au bout du tunnel, après un voyage qui avait duré moins qu'un battement d'ailes de papillon, une faible lueur de nacre palpitait. Il s'y sentit précipité. La lumière enfla, jusqu'à devenir un monde d'intense clarté, qui l'accueillit pour sa nouvelle naissance.

Alors seulement, Luc Moreau put prononcer ses premiers mots :

– Bravo, mes vieux amis. Vous avez réussi !

La maison venait d'effectuer son premier bond en avant dans le temps.

La gueule distendue du tyrannosaure était si proche qu'il aurait pu compter ses dents. Plus de trois cents, selon le commentaire de 02. Triangulaires comme celles d'un requin, longues de vingt centimètres, elles s'enracinaient dans une voûte de chair noire où adhéraient des lambeaux de charogne.

La gueule claqua, de colère ou de satisfaction, puis recula. Le monstre apparut en entier, sa queue fouettant les plantes du sous-bois, ses ridicules pattes antérieures terminées par deux doigts crochus et greffées de part et d'autre du tronc cuirassé griffant inutilement l'air. L'animal de six tonnes pivota sur les piliers écailleux de ses membres postérieurs bardés de muscles et, hargneux et bossu, s'éloigna pesamment. Une brume laiteuse se condensa autour de sa silhouette colossale, rongeant son relief, qui finit par disparaître au sein de l'écran, où seule demeura une trace zigzaguante de fougères piétinées.

– Allons voir ça de plus près ! fit le maître, sans réussir à éprouver le semblant de bonne humeur qu'il s'efforçait de manifester.

Suivi des robots, il passa dans le couloir, gagna la passerelle d'observation à claire-voie, qui serait plus tard remplacée par un chemin de ronde à créneaux surmonté par la tour d'angle.

Luc fut immédiatement frappé par la chaleur humide. La température de l'époque où la maison s'était projetée se révélait bien plus élevée que celle du carbonifère. Le ciel, entièrement dégagé, luisait d'un bleu féroce ; le soleil, qui occupait le zénith, ressemblait à une éblouissante méduse d'argent bouillant. Le sol se partageait entre une savane couverte de buissons à feuilles larges, et la dense et plus lointaine forêt d'épineux, où les premières caméras de surveillance de la maison étaient allées débusquer le dinosaure géant. Mais le plus étrange, c'était la mer, qui s'étalait vers l'ouest à moins de cinq cents pas et dont la frange écumeuse grignotait une courte plage envahie de joncs et de roseaux.

La mer, à l'emplacement de la future banlieue parisienne ! Au ras de l'eau, de grands oiseaux planaient, guettant le poisson. Long bec, crête crânienne, ailes de toile écrue. Des oiseaux ? Pas encore, seulement des reptiles volants, de cinq mètres d'envergure. Au creux d'une anse protégée, un troupeau de bêtes massives, au museau orné d'une corne de rhinocéros et à l'encolure protégée par une collerette épineuse, broutaient paisiblement.

– Des cératopsiens, herbivores dont je pourrai plus tard vous préciser l'espèce, déclara automatiquement 02, qui avait remarqué la direction du regard de son maître.

– Assez, vieille barbe ! le coupa Luc avec une certaine sympathie. Tu ne m'as toujours pas précisé à quelle époque nous avions atterri.

– Vraiment ? Où ai-je la tête, je me le demande bien... Nous sommes en plein crétacé supérieur. L'âge d'or des dinosaures. À cent mille ans près, nous nous trouvons à quatre-vingt-neuf millions d'années de notre ère. Ce qui signifie que nous avons effectué un bond en avant de cent trente-sept millions d'années. Puis-je vous avouer que je suis plutôt content de moi ? Mais ce saut était aussi un pari dangereux. Si le déphaseur avait lâché, nous aurions très bien pu nous perdre en route. Vous savez... tomber dans le trou. Maintenant, comme nous avons brûlé toute notre énergie, il va nous falloir rester stabilisés... un certain temps. Pour tout vérifier et remettre en charge le modulateur. Peut-être serait-il également utile de recréer un caisson de protection. Vous avez supporté avec vaillance le déphasage hors de tout abri, mais je gage que cela n'a pas dû être une expérience très agréable. Je vous trouve bien pâle...

– Tais-toi, docteur. Je vais parfaitement bien. J'ai simplement besoin de me reposer un moment.

Le maître tourna les talons et regagna sa chambre, où il fit ce dont l'envie le tenaillait depuis un bon moment : se coucher. Il avait menti à 02. Il n'allait pas si bien que ça. Il se sentait épuisé. Le déphasage l'avait secoué jusqu'à la moelle. Que son corps eût ou non baigné dans le flux temporel, il en ressentait encore la morsure dans toutes ses cellules. Peut-être son cœur mécanique commençait-il à donner des signes de faiblesse. Ou alors c'était un effet de l'âge. Avant que la maison fût prête pour le grand saut, il avait fallu dix ans encore. Son corps avait maintenant soixante-trois ans.

La maison quitta le crétacé après deux ans et demi de stabilisation, pour émerger au sein de la riche savane de la fin du mésozoïque. La mer avait reculé, les prairies s'étaient couvertes de fleurs aux couleurs violentes, riches en alcaloïdes néfastes aux herbivores. Les géants écailleux s'étaient faits plus rares.

– Est-ce que ça arrivera dans quelques siècles ou quelques millénaires ? Sans aucun doute, ce sera long. En tout cas, le météore du Yuacatán qui va balayer les dinosaures est quelque part au-dessus de nos têtes. Il serait tentant de ne progresser désormais que par sauts de puce, pour ne pas rater l'événement. Ce serait extraordinaire si nous pouvions envoyer des yeux dans le golfe du Mexique et filmer le point d'impact !

– Des yeux, nous n'en avons pas encore, fit avec humeur le maître, qui avait écouté avec patience l'exposé de 02. Quant aux sauts de puce, il faudrait que tu sois capable de les programmer sans que nous devions rester chaque fois deux ans sur place avant de pouvoir repartir.

– Mais justement, c'est possible, Luc. Une ou deux semaines entre chaque saut suffiront. Le modulateur fonctionne désormais à 85 % de ses possibilités. Encore quelques écrous à serrer ici et là, et il aura bientôt retrouvé ses capacités antérieures... je veux dire, ultérieures. Quand nous en aurons terminé, nous pourrons nous atteler au problème des yeux et, plus important en ce qui vous concerne, à la cryogénie. Certes, nos mémoires sont cruellement vides pour tout ce qui concerne ces techniques. Mais nous finirons bien par y arriver. Il y en a, là-dessous !

Et le chaudron, d'un de ses tentacules, se tapota le crâne avec une satisfaction qui aurait été visible si seulement il avait possédé une figure.

– Tu as intérêt à ne pas perdre de temps, grommela le maître. J'ai l'impression de vieillir chaque jour de cent ans. Mais va pour les sauts de puce ! Si nous assistons à la fin des dinosaures, ce sera toujours une chose à verser au bénéfice de la connaissance !

Le ciel avait disparu. Le monde s'était noyé dans une condensation gris brun qui moussait sur l'horizon rapproché, recouvrant d'une pellicule grasse les cubes de métal empilés formant encore l'essentiel de la maison. En plein midi, le jour ne renvoyait plus qu'une tonalité crépusculaire qui avait mis moins de vingt-quatre heures pour poindre à l'ouest, en sombres nuées montantes, et se refermer à l'est, retenant la Terre entière prisonnière d'une dense couche de poussières soulevées.

Car il était effectivement tombé, ce fichu météore, ainsi que les connaissances du XXe siècle l'avaient déterminé. Seulement 02 avait été optimiste, car il avait fallu attendre près de cent mille ans, et des dizaines de sauts. Mais c'était arrivé. Bien sûr, les passagers de la maison du temps n'avaient pu y assister en direct, car l'impact s'était produit comme prévu de l'autre côté du monde. Cependant, le sismographe conçu tout exprès l'avait bel et bien enregistré, un tremblement titanesque qui aurait fait sauter l'échelle de Richter, l'équivalent de l'explosion de centaines de milliers de bombes nucléaires.

– Une longue nuit nous attend, murmura Luc, qui, après avoir voulu sortir à l'issue du dernier saut, avait vite regagné l'abri de la maison pour échapper à l'impalpable pluie de matière pulvérulente.

– Quelques mois, au plus quelques années, corrigea 02. Mais cela suffira pour renvoyer au néant soixante-quinze pour cent des espèces vivantes.

Luc préféra ne pas répondre. Lui aussi faisait partie d'une espèce vivante en danger. Il en était même le dernier exemplaire connu. Ou le premier !

Sur la plaine, cadrée par l'écran, une bête informe errait. Un gros herbivore dressé sur ses pattes postérieures, à l'échine bossue et au crâne prolongé par une bizarre spatule osseuse. L'animal avait été séparé de son troupeau, il avait sans doute faim. Mais toute la végétation avait disparu sous des tumulus de cendre. Le parasaurolophus regardait sans comprendre le ciel moutonnant, son mufle cuirassé s'ouvrait et se refermait. Les micros extérieurs de la maison transmettaient parfaitement le grognement rauque et essoufflé qui s'échappait de sa gueule caverneuse. Le dinosaure toussait.

Étape par étape, la maison continua à se diriger vers le futur. Comme prévu, le ciel s'était dégagé. La température se fit à nouveau plus clémente.

Des géants écailleux ne restaient plus que des squelettes, qu'engloutirent de nouveaux marais, de nouvelles mers.

Sur la plaine herbeuse entourée d'une forêt dense, semblable à celle du XVe ou du XXe siècle en devenir, de petites bêtes à fourrure avaient remplacé les géants magnifiques. À leur tour, les mammifères grandirent, certains, comme les mastodontes, atteignant presque les dimensions de leurs prédécesseurs à sang froid. Ce fut l'éocène, mot qui, d'après 02, signifiait « l'aube des temps modernes ». L'aube ? Elle serait amenée à se prolonger longtemps, car il s'en fallait encore de cinquante millions d'années avant que, quelque part en Afrique de l'Ouest, l'homme ne descende de son arbre.

La maison sautait, sautait, sautait.

Les robots avaient réussi à recréer le système de cryogénisation, qui permit enfin à Luc Moreau de retenir le temps au travail dans sa chair, d'échapper à la morsure des crocs de l'entropie, de repousser l'inévitable. Mais il était bien tard. Lorsqu'il se glissa pour la première fois dans le cercueil de verre pour se laisser couler avec délice dans les vapeurs d'hélium, son corps était âgé de soixante-dix-huit ans.

Il fut malade, souffrit de l'abdomen. 01 en retira une tumeur grosse comme une pomme ; son estomac fut remplacé par une prothèse. Le clone se dégradait. Il y eut d'autres tumeurs, d'autres opérations. Les robots l'endormaient, il se réveillait avec un organe en moins, une prothèse en plus. Un matin, plus pénible que de coutume, il tomba dans l'escalier. Une douleur aiguë lui cisailla la hanche : il venait de se briser le col du fémur. Une fois de plus, 01 opéra. Quand il sortit de l'inconscience, le robot le prévint :

– Vos os sont très fragilisés, maître. J'ai cru bon de renforcer vos membres inférieurs par un alliage métallique assisté par des servomoteurs.

Luc le congédia. Il demeura longtemps immobile dans sa chambre avant de tenter de se lever. Lorsqu'il y réussit, avec une aisance qui le surprit, un bourdonnement à peine sensible naquit dans ses jambes. Il effleura ses cuisses maigres du bout des doigts. Perceptible sous la peau, il enregistra le relief d'un fin réseau de métal imprimé dans sa chair.

Une inaudible sonnerie d'alarme retentit dans son esprit. Un avertissement ? Plutôt une révélation, trop incroyable pour qu'il puisse encore l'accepter.

Il se rendit à la salle de bains. Son visage s'encadra dans le miroir. Il vit une main osseuse se promener sur des pommettes saillantes, sur un front ridé au-dessus duquel une crinière grise reculait. D'un seul coup, les portes de la connaissance, jusque-là fermées, s'ouvrirent. Et la vérité lui apparut.

Il savait maintenant QUI il était.

Et où il allait.

4

Un mur de glace de six mètres de haut emprisonnait la maison. La première des grandes glaciations que la planète allait devoir traverser avant de glisser dans le bain tempéré du quaternaire gelait le monde.

Mais la maison, désormais renforcée par une épaisse ceinture de granit, ne craignait rien. Le temps des grands travaux était achevé, celui des machines informes aussi, remplacées par de petits robots efficients qui s'occupaient de tous les aménagements internes et que le vieux maître appelait les souris.

Luc Moreau avait désormais atteint quatre-vingt-sept ans. Sans doute aurait-il pu passer tout son temps en cryogénie. Mais il s'y refusait. À quoi cela aurait-il servi ? Après ses jambes, ses bras et son buste s'étaient à leur tour couverts de ramifications métalliques. Il devenait une véritable machine ou, pour employer un terme arraché à 02, un cyborg.

Mais c'était ça ou mourir.

Pourtant, quand il pensait à l'échéance ultime, il ricanait. Mourir ? Il ne pouvait pas. Pas encore. Il devait boucler son destin. Et il le bouclerait, parce qu'il l'avait déjà fait. Il avait été le vieux maître, ce vieil homme mort par une glaciale journée d'hiver de 1439, il avait été en même temps le jeune étudiant ignorant dans les bras duquel il avait rendu son dernier souffle.

C'était incroyable. Mais pourtant c'était. Il en avait eu la révélation en se voyant dans le miroir sous l'apparence qu'il avait présentée à son autre lui-même, si longtemps auparavant. Ou à quelques millénaires dans le futur.

Incroyable ! Et réel, pourtant.

L'itinéraire de la maison du temps dessinait une boucle parfaite, dans la circonférence de laquelle il s'était inséré. Le Moyen Âge, le cinquantième siècle, le carbonifère, le crétacé, la Mésopotamie, le Moyen Âge... Pas étonnant que les robots n'aient jamais pu répondre à ses questions concernant l'origine de la maison. Elle n'avait pas d'origine. Elle avait toujours été, elle serait toujours. Comment une construction qui n'avait pas de commencement pouvait-elle exister ? Ce genre d'interrogation rejoignait celle de l'origine du monde, du Big Bang. Il suffisait d'en accepter la réponse.

Mais lui, alors ? Lui, il était né en l'an de grâce 1420, alors qu'un autre Luc Moreau était en train de remonter le temps pour le rejoindre dix-neuf ans plus tard. Un autre ? Non. Lui encore, accroché à une autre section de la boucle. Quand on acceptait le fait, c'était tout simple. Le reste n'était qu'une question de patience. Et d'attente. Qui ne ménagerait aucune surprise, puisqu'il savait comment l'histoire allait se dérouler.

Sur l'écran, une bourrasque de neige se déployait, giflant les arêtes dures de la maison. Dans le vallon, une douzaine de bipèdes enveloppés de fourrures s'acharnaient avec des lances à pointe d'os sur un géant laineux aux immenses défenses recourbées tombé dans la fosse que ces hommes avaient creusée. L'arrivée d'un couple de fauves aux canines débordantes mit la petite troupe en déroute. À leur tour, les machaidorus attaquèrent le mammouth, qui, impuissant dans son piège, meuglait interminablement.

– Extraordinaire, n'est-ce pas ? exulta 01. Les premiers hominiens qu'il nous soit donné de voir !

– Les premiers, mais pas les derniers, crachota le maître. Bientôt, ils pulluleront comme des puces sur le dos d'un chien !

Un rictus tordit son visage raviné. Puis il quitta la salle aux écrans pour aller rôder à pas lents dans la maison – les seules promenades que le vieillard de plus de quatre-vingt-dix ans pouvait désormais s'autoriser.

Des lances crevaient des ventres, des femmes étaient jetées, hurlantes, sur l'encolure des chevaux, des maisons de torchis s'enflammaient au passage des cavaliers à face plate et aux casaques de cuir clouté. Mais qu'importait ? À l'emplacement du gros village ravagé, une importante cité allait être bâtie. Puis le gonflement soudain des eaux du Tigre et de l'Euphrate l'emporterait sous l'eau, faisant naître le mythe du Déluge. Les eaux se retireraient, laissant sur la plaine un limon fertile. Sur ce limon pourraient naître les splendeurs de Babylone.

Le maître se détourna de l'écran. La maison avait atteint le quatrième millénaire avant l'an zéro. Comme prévu, les robots avaient mis au point les premières caméras à films d'acétate, portées par les premiers modules volants, qui ressemblaient à de maladroites chauves-souris. Et les premières images qui seraient à l'origine de la fabuleuse banque de données abandonnée au cinquantième siècle venaient d'être rapportées de Mésopotamie.

Les premiers films – seulement les premiers films, pas les débuts de la maison...

Le dos du maître craqua, l'exosquelette ronronna doucement en prenant le relais de l'organisme déficient. Le vieillard s'extirpa de son fauteuil. Il n'avait désormais plus rien à apprendre qu'il ne sût déjà. Sur l'écran, les fumées charbonneuses s'élevant du village en flammes rejoignaient dans le vortex de l'Histoire les fumées des cheminées d'Auschwitz.

Entre ces deux événements s'insérait – ou s'insérerait – une donnée qui avait son importance : Luc découvrirait la maison, y pénétrerait, et se rencontrerait lui-même.

Il fallut attendre mille ans, et des sauts incessants, avant que le pharaon Khéops ne fasse édifier en Égypte la plus grande des pyramides, un autre défi au temps. Et mille ans encore avant qu'une péninsule en forme de trident, la Grèce, ne prenne sa place dans l'histoire. Mais moins de cinq cents avant que n'émerge la plus formidable puissance de l'Antiquité, Rome. À cette époque, déjà, les yeux volants quadrillaient le monde. Rome s'effondra sous les chevaux des barbares, tandis qu'au Moyen-Orient l'islam germait et s'étendait. Un long crépuscule de froid et de sang s'abattit sur l'Europe. Il faudrait attendre mille ans encore avant qu'il ne s'éclaire timidement sur l'époque de Luc de Melun.

*

La maison, au fil du temps, continuait de se transformer. Vers l'an 50, les robots l'avaient doublée de troncs équarris afin que, lors de ses matérialisations, elle puisse passer pour une ferme fortifiée. Aux environs de 800, elle fut enrobée de hauts murs en pierre de taille, selon les techniques de l'architecture guerrière carolingienne. Les tours d'angle et les toitures d'ardoise ne vinrent que deux siècles et demi plus tard. Puis elle cessa de se modifier, ayant atteint son aspect définitif.

À l'intérieur régnait un confort qui n'existait nulle part ailleurs sur la planète. L'eau courante, chaude à volonté, était disponible partout, les cuisines étaient capables de synthétiser une nourriture qu'il n'était plus nécessaire d'aller chercher à l'extérieur. Mais pour le maître, qui n'éprouvait plus aucun goût pour les aliments, c'était un peu tard. Et, quand il refusait de mâcher les aliments qu'on lui proposait avec la prothèse de métal qui avait remplacé ses dents gâtées et le faisait ressembler à un méchant de bande dessinée du XXe siècle, 01, pendant son sommeil, l'alimentait par perfusion.

Mais le plus important était la possibilité de conserver les archives sous forme de microfilms, ce qui permettait à la maison de sauvegarder la mémoire, le but de sa boucle sans fin : la construction du cénotaphe.

Ce fut janvier 1439.

Aux premiers jours de janvier de cette année-là, le vieux maître sortait d'un sommeil de vingt ans. Il en sortait comme on sort d'un tombeau, avec l'impression tenace qu'il n'était qu'un mort qui marche. Et combien péniblement !

De manière sans aucun doute superstitieuse, il avait préféré être endormi lors des dix-neuf premières années de vie de son autre lui-même. À quoi aurait-il servi d'attendre éveillé ? Compter les jours, les mois, les années, cela aurait été insupportable. Il lui fallait être prêt, et en la meilleure forme possible, lors de cette rencontre... qui avait déjà eu lieu. Une fois pour ce qui était de ses souvenirs. Et des milliers, des milliards, une infinité de fois dans l'infini du temps.

Il avait eu le temps d'y réfléchir. *Le temps*. Puisque le temps jouait avec les humains, ne serait-il pas imaginable de jouer avec lui ? Ou de s'en jouer ? Par exemple, en brisant le cercle ? Ou, plutôt, en l'interrompant ?

Le but de la maison était de délivrer aux hommes de la seconde renaissance les archives de l'Histoire. Cela avait été fait... ou allait être fait. À quoi servirait alors que la maison reparte en arrière dans le temps ? À nouer la boucle ? Bien sûr. Mais si le cercle était coupé juste à ce moment-là, en l'an 5000 et quelques, après la construction du cénotaphe ? Cela n'annihilerait pas ce qui avait été fait, ce qui était arrivé. Le voyage s'interrompait, c'est tout. Et Luc de Melun achèverait sa vie en paix, dans ce lointain futur, après avoir peut-être pu aider les hommes de l'avenir à consolider leur destin.

C'était un sort à tout prendre plus enviable que cette giration éperdue. Cela valait donc la peine d'être tenté.

À pas saccadés, le maître se dirigea vers la fenêtre-écran de sa chambre. L'hiver 1439 était un des plus rigoureux d'un siècle à la température peu clémente. Le vallon familier était couvert d'une neige durcie aveuglante que nul pied n'avait foulé depuis longtemps. Se détachant sur le ciel plombé, des corbeaux affamés battaient des ailes et croassaient avec fureur. Mais aucun ne se hasardait à s'approcher de la maison, aucun ne tentait de se poser sur ses ardoises ou ses chéneaux. De l'autre côté de la combe, la lisière de la forêt, bleue à cause des pépites de givre suspendues à ses branches noircies, demeurait figée dans le froid.

De cette lisière, bientôt...
Bientôt, mais pas encore.

Pas encore, mais bientôt.

Dès lors, la seule préoccupation du vieillard fut la préparation de la rencontre... qui avait déjà eu lieu. Comment s'était-elle passée, au juste ? Les souvenirs de Luc Moreau étaient terriblement brouillés, sa mémoire pareille à une soupe épaissie où il lui était de plus en plus difficile de pêcher une image nette, un fait rigoureux. Il savait seulement qu'il avait accueilli *celui* qui allait venir, qu'il lui avait appris... mais que lui avait-il appris, en somme ? Et de combien de temps avait-il bénéficié pour cela ? Quelques heures ? Quelques jours ? Quelques minutes seulement avant de crever ?

Il était incapable de s'en souvenir. Et les robots, consultés, n'avaient rien pu lui apprendre. Évidemment, puisque leur mémoire des événements avait été effacée. Tant pis. Ce qu'il fallait, c'était donner au jeune homme toutes les informations indispensables. Des informations que son jeune moi n'avait pas reçues. Mieux apprivoiser la maison. Ne pas tenter un inutile retour en arrière. Au contraire, se consacrer au renouveau de la

Terre de l'an 5000. Était-ce possible ? Était-il possible de changer ce qui avait déjà eu lieu ?

On ne peut rien contre le temps tant qu'on ne connaît pas quelle route il va suivre. Mais si on la connaît ?

Rien ne l'empêchait d'essayer.

Mais, d'abord, il fallait donner confiance au jeune Luc qui allait débarquer avec toute son ignorance, en lui offrant des compagnons humains à son image. Des pages. Un jeune couple. Des hologrammes programmés. D'après le seul modèle qu'il avait à sa disposition : lui-même, en son jeune âge.

Jean et Jeanne.

Quoi encore ?

Il fallait qu'une pièce au moins de la maison présentât un aspect familier à son futur hôte. Meubles d'époque, boiseries, feu de cheminée, torchères. N'aurait-il pas faim ? Un repas fastueux l'attendrait.

Quoi d'autre ?

Un message, naturellement. Ou plusieurs, qui prolongeraient son existence, et dispenseraient à son jeune double les informations nécessaires, à supposer qu'il meure avant d'avoir pu le faire en personne. Lui donner des instructions. Au sujet de l'an 5000.

L'an 5000 ? Qu'allait-il se produire, en l'an 5000, qui fût d'une telle importance ? Il chercha un long moment, avant que la mémoire lui revienne.

Alors il alla s'installer devant une caméra holographique. Un écran témoin lui renvoya son image, crâne luisant, orbites caves, pommettes aux os saillants, bave s'écoulant de lèvres violettes. Ça n'allait pas, pas du tout ! Il lui fallait se rendre plus aimable. L'obligeant 01 vint lui pommader la peau, aplatir ses mèches hirsutes, beurrer ses lèvres, mettre des gouttes dans ses yeux.

Il était devenu présentable. Ou à peu près.

Il se frotta les mains, se racla la gorge. Et commença à improviser son premier message d'outre-tombe.

« Rassure-toi, Luc, je suis bien mort. Et je ne suis pas pour autant un fantôme. Ce que tu vois et entends... »

Il s'interrompit, ne sachant plus ce qu'il avait à dire. Puis un peu de mémoire lui revint. Et il reprit le fil de son discours balbutiant.

Il enregistra une demi-douzaine de messages, pas très certain, dans la confusion mentale qui s'épaississait, d'avoir bien dit tout le nécessaire. Il était si las ! Une seule pensée l'obsédait, qui tournait en rond sous son crâne chauve : Est-ce que ça allait marcher ? *Est-ce que ça allait marcher ?*

Le problème, c'est qu'il ne le saurait jamais.

Il regagna sa chambre soutenu par 01, s'écroula dans le fauteuil poussé devant la fenêtre-écran. Sa tête dodelinait. Le visage d'une jeune femme dont il ne se rappelait plus le prénom le visita fugitivement ; puis il ne tarda pas à s'endormir.

À la sombre lisière de la forêt, une silhouette se dessina.

5

Luc Moreau n'eut qu'une minime hésitation avant d'empoigner l'anneau du heurtoir. Le coup résonna longuement mais, pas plus qu'à sa voix, âme qui vive n'y répondit. Cependant... cependant, il y avait eu un déclic au niveau de la serrure, Luc en était sûr. Sa main pesa sur le panneau, qui pivota sous sa poussée avec une souplesse étonnante.

Le fugitif en éprouva une telle surprise que son bras se rétracta et qu'il recula d'un pas. La porte avait continué de s'entrouvrir avec le soupir feutré de gonds biens graissés. Et voilà qu'elle bâillait sur un espace obscur. Luc ouvrit la bouche sur une phrase qui ne vint pas. Le froid qui lui pinçait les fesses vainquit ses ultimes réticences.

Le froid ou... n'avait-il pas senti entre ses omoplates le poids infinitésimal d'une main fantomatique le poussant en avant ?

Allons donc ! En une enjambée, il franchit le porche.

Cet ouvrage a été mis en pages
par DV Arts Graphiques à Chartres

Impression réalisée sur CAMERON par

BRODARD & TAUPIN

GROUPE CPI

La Flèche

pour le compte des Éditions Bayard
en juin 2005

Imprimé en France
N° d'impression : 30170